KB271846

초·중등 학부모를 위한
어휘력과 학습법으로 이루는

우등생
공부혁명

우등생 공부혁명

지은이 박동옥

초·중등 학부모를 위한 어휘력과 학습 방법으로 이루는

우등생 공부혁명

1판 1쇄 인쇄 2012년 1월 30일
1판 1쇄 발행 2012년 2월 10일

지은이 박동옥 **펴낸이** 조헌성 **펴낸곳** (주)미래와경영
책임 엄진영 **표지디자인** 양은정 **편집** 김석미 **영업/마케팅** 류석균
주소 서울특별시 구로구 구로동 222-14
대표전화 (02)837-1107 **팩스** (02)837-1108
등록번호 제 16-2128호
홈페이지 http://www.FMbook.com

값 12,000원
ISBN 978-89-6287-099-2 13320

자녀의 미래는 완성된 퍼즐과 같다

최근에는 출세보다 성공을 원하는데 명예도 중요하지만 재(財)도 필요하기 때문입니다. 중요한 것은 자녀에게 알맞고 미래의 변화를 예측해 미래에 환영을 받을 수 있는 그림을 그려야 하고 희망, 꿈인 조각을 잘 맞추어(교육과정) 처음에 상상했던 그림대로 완성시켜야 합니다.

근래에는 사진퍼즐이 유행하고 있으며 심지어 결혼사진을 퍼즐로 제작해 인기를 얻고 있습니다. 자녀(우리의 삶) 인생도 조각을 하나하나 맞춰나가며 그림을 완성하는 퍼즐과 같지 않을까요? 라는 생각이 책을 집필하는 동안 머릿속에서 떠나지 않은 것은 아마 퍼즐에 나타난 그림이 결국 자녀 인생의 그림(목표)이며, 교육은 그림을 완성시키기 위해 조각을 만드는 과정이 아닐까? 라고 생각했기 때문입니다. 퍼즐의 맞춤과정은 인생의 성장 과정이며 퍼즐의 완성은 인생의 완성이라 생각합니다. 주택을 짓는 것을 퍼즐과 비교하면 퍼즐 조각 하나하나가 시멘트, 벽돌, 철근, 창문이 되고 정원의 나무, 침대, 대문, 손잡이 등이 되는 것과 비유될 것입니다. 수개의 조각부터 500개~1000개의 조각으로 만들어지는 퍼즐! 100개의 조각 400개, 800개, 1300개, 2000개 아니 그 이상의 수만 개 조각으로 완성되는 퍼즐이 있듯 자녀의 미래도 이와 같을 것입니다.

동일한 조건(시력, 신체조건, 지능, 그림 모양 선택, 크기, 조각 개수, 소음, 조명,

주변 환경, 시작 시간 등)에서도 그 완성에 있어서는 상당한 차이를 보이는데 개인에 따라 주택(住宅)을 짓는 사람도 있고, 궁궐처럼 웅대하고 편안하며 남의 부러움을 한 몸에 받는 저택을 지을 수도 있습니다. 자녀의 인생이 주택이기를 원하십니까? 저택이기를 원하십니까?

지금이 자녀의 미래를 퍼즐 조각처럼 하나하나 맞추어 가는 과정이라 생각한다면 자녀와 또래의 아이들이 만들고 있는 퍼즐은 개인에 따라 다르게 나타나지 않을까요? 인물이라면 코의 윤곽이 드러나고 있거나 입이 완성되고 있고, 머리 부분, 얼굴의 대부분이 드러나거나 또는 포기한 학생도 있고 잠시 쉬고 있는 학생 등 다양하면서도 상당한 차이를 보일 것입니다. 위와 같은 상태에서 무조건 열심히 한다고 순간적으로 완성에 가까운 상태로 접근할 수 없는 것입니다.

본서는 학생과 학부모에게 내비게이션처럼 퍼즐 조각의 위치를 안내 하듯이 자녀의 인생 조각의 위치를 자세하고 정확하며 신속하게 알려주는데 주력하였습니다. 시행착오없이 목적지까지 도달할 수 있도록 최선을 다하였으며 특히, 기초를 보강하는데 주력하였습니다.

2008. 07 박동옥

contents

SWEET HOME~

엇갈린 부모와 자녀와의 갈등...

자녀학습방법 설명서

공부전쟁 쯤이야!

공부!
공부란 무엇인가?

공부란?

공부라는 말뜻을 사전에서 찾아보면 "공부(工夫)는 학문이나 기술을 배우고 익힘"이라고 기술되어 있습니다.

학문(學問)　　어떤 분야를 체계적으로 배워서 익힘.

기술(技術)　　1.만들거나 짓거나 하는 재주 또는 솜씨. 기예(技藝).

　　　　　　2.어떤 일을 효과적으로 할 수 있는 방법이나 능력.

공부 이 걸 꼭해야 하는 것일까요?

힘들어 하고 하기 싫은 공부를 왜 해야 하냐는 질문에 공자(孔子)는 공부에 대해 다음과 같이 제자에게 말했다고 합니다.

"공부란, 군인이 평화시 칼과 창을 가는 것과 같은 것으로 평화시 칼을 갈아두지 않으면 전쟁에서 질 수 밖에 없는 것이다." 공부도 살아가면서 역경을 헤치고 나가기 위해서 필요하며 농사와 장마를 방지하기 위해 둑을 쌓는 것과 다를 바 없고 미래에 닥칠 재앙과 위기를 슬기롭게 헤쳐 나가기 위해 공부를 하는 것이다. 흡사 겨울에 농기구를 갈고 닦고 수리해 준비를 하고, 초봄에 땅을 갈고 여러 가지 씨앗을 뿌리고 가꿀 때에만 가을에 수확을 할 수 있어 풍요로운 생을 영위할 수 있는 것처럼….

현대도 크게 다르지 않습니다. 지금은 부모의 도움으로 의식주 걱정을 하지 않으면서 아이들이 생활하고 있으나 머지않아 독립하여 사회생활을 할 그날을 위해 능력을 배양하고 있는 것입니다. 공부의 내용만 시대에 따라 특정 내용이 다를 뿐입니다. 농경 사회와 현 사회는 현격한 차이를 보이는 만큼 그 내용이 변할 뿐 근본적인 차이는 크게 다르지 않다는 것입니다.

대부분의 공부는 미래를 위한 투자라고 할 수 있습니다. 아이들은 공부를 하면서도 공부하는 이유를 정확하게 알지 못하며, 부모는 공부를 해야 하는 이유를 설명하기보다 공부하라고 다그치기만 하기 때문입니다. 미래를 준비하는 과정이 공부라는 것은 공자시대나 현시대나 크게 다르지 않고 현시대는 오히려 더 많은 것을 요구하기도 합니다.

공부를 꼭 해야 하는 중요한 이유

❶ 공부는 꿈을 이루도록 도와준다

자녀들이 가진 크고 작은 꿈과 희망이 현실로 나타날 수 있도록 도와주기 때문입니다. 꿈을 이룰 수 있는 능력을 부여하기 때문에 능력만 인정받으면 얼마든지 성공할 수 있는 밑바탕이 되기 때문입니다.

❷ 미래에 훌륭한 사람들과 인맥을 형성할 수 있게 된다

공부를 잘하면 잘하는 그룹과 친교를 가지게 되어 후일 사회생활을 할 때 도움을 주고 받을 수 있습니다.

❸ 남보다 다양한 지식을 가지게 되어 풍요로운 삶을 영위할 수 있다

공부를 잘한다는 것은 아는 것이 많다는 것이며 아는 것이 많다는 것은 판단능력이 뛰어나다는 것을 의미하며 판단능력이 뛰어나다는 것은 기회를 포착하고 내 것으로 만들 수 있다는 것을 의미하며 내 것으로 만든다는 것은 성공을 의미하며 성공은 곧 풍요로운 삶을 보장하기 때문입니다.

❹ 공부를 잘하는만큼 자신의 숨은 능력을 찾아 계발하고 필요한 능력을 만들 수 있다

공부를 잘한다는 것은 지식이 풍부하다는 것이며 지식이 풍부하면 자신에게 내재되어 있는 능력을 최대한 활용할 수 있으며 자신에게 부족한 능력은 인위적으로 개발해 활용할 수 있습니다.

❺ 공부는 세상에서 가장 공평한 경쟁이다

공부는 유일하게 자신이 노력한만큼 수확할 수 있는 것으로 사업이나 취직, 승진 등은 실력, 혈연, 학연, 지연, 자신의 환경, 모함, 질투 등에 상당한 영향을 받지만 공부만은 공평하게 주어진 시간, 환경 등에서 자신이 노력해 쌓은 지식(점수)으로 승패가 결정나기 때문입니다. 결국 공부는 자신과의 싸움에서 이기느냐 지느냐로 승패가 결정되어지며, 동일한 조건에서 시작하는 공부 게임이라면 긍정적이지 않을까요?

❻ 공부를 잘하면 가문을 바꿀 수도 있다

가문을 바꾼다는 것은 쉬운 일이 아닙니다. 더구나 일반 가정에서 명문가로 변화한다는 것은 더욱더 쉬운 일이 아닙니다. 명문가를 일컬어 훌륭한 가문, 유명한 문벌, 명가(名家)대대(代代)로 내려오는 그 집안의 지체 등으로 표현되는데 한마디로 존경해 마지않는 가문, 명예나 재물이 어우러지는 것으로 표현할 수 있습니다. 이러한 명문가는 단기간에 이룰 수는 없지만 그래도 가장 빠른 방법으로 공부를 꼽을 수 있습니다. 사법고시에 합격하거나 예술, 과학 분야 등에서 월등한 기량으로 발견, 발명을 하거나 세계적으로 인정받는 노벨상 등을 수상할 경우 단번에 명문가 반열에 오를 수 있는 것으로 공부를 꼽을 수 있습니다. 이는 자신과의 싸움에서 승리하면 가능하기 때문이며 머리에든 지식은 남이 빼앗아갈 수 없기 때문입니다.

공부 목적이 높은 점수 때문일까?

공부의 진정한 의미

학부모와 자녀의 교육상담을 하면서 '부모님이 공부의 진정한 의미를 모르는 것' 같아 답답하게 느낀 적이 많이 있습니다. 왜, 공부를 하는 것일까요? '자녀의 성적에 대해 많은 고민과 갈등을 하지만 진정한 공부의 의미와 필요성을 제대로 인식하고 있다면 자녀에 대한 태도가 현재와 같지 않을 텐데…'라는 생각에 답답함은 더욱 커집니다.

정말 공부하는 목적이 점수 몇 점 더 받기 위해서일까요?

공부에 대해 알아봅시다

❖ 왜 공부를 하는 것인가?

❖ 자녀에게 공부란 어떤 의미인가?

❖ 자녀의 미래와 어떤 연관이 있는가?

❖ 공부를 어떻게 시켜야 하는가?

❖ 공부하는 목적이 높은 점수를 받기 위해서인가?

❖ 공부를 잘해야만 사회에서 성공하는 것일까?

❖ 학교 점수와 사회에서 성공(출세) 가능성은 정비례할까?

공부에 대한 이해를 위해 다양한 유형의 학부모 상담의 예를 들어보겠습니다.

❶ 상담 예시 1

어떤 학부모는 시험 대비 특강 등으로 학습량이 증가되면 아이가 힘들다며 특강에서 제외시켜 줄 것을 요구할 때 주위에서 그 필요성을 얘기하면 설명도 채 듣지도 않는 분이 상당합니다. 그리고 점수 몇 점 더 받기 위해 아이가 고통받는 것도 싫고, 몇 점 더 받는다고 미래가 보장되는 것도 아니라며 아이를 편하게 해주기를 바랍니다.

❷ 상담 예시 2

아이에게 가능한 한 스트레스를 주지 말고 성적을 향상시켰으면 좋겠다고 합니다. 아이가 공부를 못하면 나중에 아빠가 하는 부동산임대업을 시키려고 한다는 식으로 말하며, 아이의 미래를 대비하고 있다는 식으로 다른 대안을 제시하기도 합니다.

❸ 상담 예시 3

'우리 애를 체벌해도 좋으니 ㅇㅇ수준까지 꼭 성적을 향상시켜 달라! 선생님이 협조를 요청하면 100% 협조할 것이니 우리 아이 성적만 올려 달라!' 는 식의 학부모도 있습니다.

성적별 생활 상태를 비교해 보겠습니다. 아이의 편안함을 주장하는 학부모의 주장도 타당한 면이 있습니다. 그러나 공부가 사회생활에 미치는 영향을 살펴보면 우선 직접적으로 미치는 영향은

❶ 명문대, 유명학과 졸업 등 실력으로 평가받아 취업에 유리하다

❷ 명문대 졸업으로 인맥형성에 유리하다

반면 학습이 사회생활에서 직·간접적으로 미치는 영향은

❶ 사회생활에 필요한 요소를 다양하게 터득한다

❷ 싫은 공부를 억지로 참고하는 과정에서 실력이 배양된다

❸ 어려움이 있어도 스스로 해결하는 능력을 학습 과정에서 갈고 닦는다

❹ 수학공식 대입 및 국어학습을 통해 상황을 정확히 판단할 수 있는 사고력을 배양한다

❺ 성적이 우수하면 매사를 긍정적이며 자신감을 가지고 임한다

❻ 공부 계획을 수립했던 것처럼 사회생활을 하면서 계획을 정확하게 세우는 능력이 배양된다

❼ 학교에서 어려운 과목을 정복했을 때처럼 성취감을 맛볼 수 있다

❽ 성적 목표를 달성하기 위해 하루도 빠짐없이 하는 성실한 습관을 가지고 사회생활에 임한다

❾ 이성을 잃어버릴 정도의 돌발상황이 발생해도 배움(분별력/이성)이 있어 자제력을 잃지 않는다

❿ 자신의 한계를 이겨낼 때 성적이 향상된다는 것을 알아 실천하는 과정에서 인내심이 배양된다

❶❶ 어려운 문제를 풀 때처럼 위기가 다가와도 거뜬히 직면한 문제를 해결할 능력(수학공식 대입, 계산시 침착성 등)이 있다

❶❷ 전반적으로 다양한 능력을 학습을 통해 향상시킬 수 있어 열등생보다 뛰어난 능력을 보유하게 된다

학창 시절 열등생의 경우 우등생에 비해 이성보다 본능적으로 행동하는 비율이 많다고 교육자들은 말합니다. 그로 인해 단체생활에 적응하지 못하는 경향이 많아 적응에 문제가 되는 반면, 성적이 우수한 학생의 다수는 학교 생활을 하면서 배양한 위의 요소가 사회생활시 유용하게 활용될 수 있어 10~20년 후 홀로서기 준비를 확실히 했다고 할 수 있습니다. 위의 요소가 미래 사회를 위한 튼튼한 주춧돌이 될 수 있었던 것은 공부(사회생활)에 필요한 요소를 자연스럽게 배양할 수 있었기 때문입니다.

이것을 입증할 수 있는 것은 다수의 부모가 자녀에 대해 다른 불만은 없다고 하면서 단 하나, 공부가 문제라고들 합니다. 즉, 공부 외에는 자녀에게 불만이 없다는 것인데 의식주 등 부족함이 없도록 부모가 다 해줄 수 있지만 공부만은 부모가 대신 해줄 수 없기 때문에 발생한다는 것입니다. 다시 말하면 현재 자녀와 학부모는 공부가 유일한 스트레스라는 것이 대단히 중요한 의미를 지니게 됩니다. 즉, 공부 외에는 자녀에게 부족함을 발견하지 못했다거나 발견했다고 해도 중요하게 생각하지 않았다는 것을 의미합니다.

그러함에도 불구하고 공부하는 과정에서 마저 사회생활에 필요한 요소를 배양할 기회를 주지 않으려고 합니다. 그것이 과연 자녀를 진정으로

위하는 것일까요? 오히려 자녀가 공부로 인해 받게 되는 스트레스는 어느 정도 감안해야 할 부분이라고 생각해야 하며 나아가 자녀가 시험 준비, 과제물, 늦은 귀가, 공휴일 특강 등으로 고통을 받고 괴로움을 호소할 때 가슴 아파하기보다 오히려 감싸 안아주며 힘내라는 말 한마디가 더 필요합니다.

그러므로 고통스러워하는 자녀에게 동조하기보다 마음은 아파도 오히려 '담담하게 수고했다! 지금 참으면 네가 하고 싶은 일(직업)을 하면서 즐겁게 살 수 있고 그만큼 너의 미래가 보장돼!' 등의 말로 자신을 위한 과정임을 설득해야 합니다. 공부를 하는 목적이 성적 향상이라기보다 후일 사회생활을 위한 필수 요소라고 생각하고 부모님이 추구하는 점수는 부산물이며 정작 중요한 것은 후일 사회생활에 필요한 인내심, 자제력, 대처 능력, 성실성, 의무감, 책임감, 사고력, 창의력, 자신감 등을 배양한다고 생각할 수 있어야 합니다. 결론적으로 공부의 목적을 높은 점수에 비중을 두지 않아야 하는 이유가 바로 여기에 있습니다.

자녀의 10년 후를 대비하라!

>>> **03**

자녀의 미래를 위해 필요한 것은 무엇일까요?

재산, 건강, 지혜, 명예 등 어느 하나도 딱 부러지게 제시한다는 것이 쉽지만은 않습니다. 미래는 전문가도 예측을 망설일 정도로 불확실한 시대이기 때문입니다. 백여 년 전만 해도 한번 익힌 지식을 수십 년 사용할 수 있었으나 현재는 1년만 지나도 쓸모없는 지식이 되는 경우도 허다할 정도로 우리 주변의 변화가 심각합니다.

불확실성이 지배하는 미래에 어떻게 대처해야 할까요?

유태인의 속담이 적절하지 않을까 생각합니다.

"고기를 잡아 주지 말고 고기를 잡는 법을 알려주어야 한다."라는 과거와 현재는 정답이 필요하지만 수십 년 후 미래에 대한 대비는 예측이 거의 불가능하므로 현재의 정답을 구하는 학습보다 미래의 정답을 구하는 능력을 배양하는 것이 중요하다고 학자들은 입 모아 얘기합니다.

필자의 생각으론 그 정답은 이런 것이 아닐까합니다. 수년전 카네기 재단에서 미국에서 성공한 100인을 선정해 어떤 설문을 받았는데, 그 설문 내용 중 하나가 미래를 위한 대비에 참고가 될 수 있을 것 같습니다.

질문 : 성공한 100인에게 당신이 성공한 현재의 직업을 찾은 것은 몇 살 때 입니까?
답안 : (여러 가지 답이 나왔지만 성공한 나이를 취합하여 평균을 낸 결과) 47세

성공한 그들은 자신이 원하는 직업, 성공할 수 있는 직업을 찾기 위해 평균 20년 정도를 수많은 직업을 전전한 끝에 비로소 찾을 수 있었다고 합니다. 자신의 능력을 최대한 발휘해 수많은 직업 중에서 자신의 적성과 비전을 생각한 직업을 찾아 헤매기를 수 십 년이 걸렸고, 그리하여 성공할 수 있는 직업을 찾아 시행착오를 겪는 등 천신만고 끝에 성공을 거머쥘 수 있었던 것이죠.

특히 미래는 혼자 모든 것을 처리할 수 없는 시대이며, 지식이 순식간에 변해 어떤 정의로 규정지을 수 없다고 합니다. 지난 10년 동안 직업의 소멸과 생성을 예언해 적중시킨 미래 학자들은 앞으로 10년 후면 현재 직업의 30% 정도는 없어지고 새로운 직업이 40~50% 증가할 것이며, 점점 변화가 더 심할 것이라고 합니다.

그러면 이들 100인의 성공 비결은 무엇이었을까요? 여러 경로를 통해 정보를 입수하고 자신의 적성과 비전 그리고 성공 가능성을 감안하여 직업을 선별, 파악, 점검하여 최종 평가를 내려 실천했지만 실패를 밥 먹듯이 하였습니다. 하지만 끝까지 포기하지 않고 재도전하면서 더욱 많은 정

보를 입수하여 지난 과정의 시행착오를 최소화 하면서 완벽해지기 시작
했고 드디어 성공이라는 결실을 거두게 되었다고 합니다.

성공 비결은 무엇 때문에 가능하였을까요?

그것은 정보를 입수, 분석하는 능력을 가지고 있었기 때문에 가능하였
을 것입니다. 정보를 입수, 분석하기 위해서 필요한 것은 다양한 배경 지
식과 분석 능력 그리고 선진국 자료를 분석할 수 있는 외국어(언어) 실력을
구비하고 있었기 때문에 가능할 수 있었지요.

자녀의 미래를 위해 필요한 것은 홍수같은 정보를 분석하고 파악하는
능력과 비전을 볼 수 있는 지혜가 무엇보다도 중요합니다. 성공한 사람들
은 금광에서 사금을 채취하는 광부처럼 불필요하거나 자신에게 적합하지
않은 정보를 걸러 내는 능력이 남달랐다는 특징이 있습니다.

남보다 한 걸음 더 시대의 변화를 읽을 수 있는 능력, 그것이 삶의 경쟁
에서 우위에 설 수 있고 누구에게도 빼앗기지 않는 자신만의 자산이 될
것이라 생각합니다.

자녀들이 미래를 위한 공부는 어떻게 하는 것이 좋을까요?

우선 언어 능력을 배양하여야 합니다. 정보는 언어라고 할 수 있으므
로 수 개국의 언어가 필요하나 최소한 공통어인 영어는 필수라고 할 수
있으며 새로운 정보를 인터넷, 책, 신문, 잡지 등에서 찾거나 정보 교환(커
뮤니케이션)을 위해서도 필요합니다.

두 번째로 다양한 분야에서 기본 지식을 갖추어야 합니다. 넘치는 새

로운 정보를 탐색하는 것도 중요하지만 탐색한 정보를 파악하고 이해하고 분석할 수 있고 이해가 안 되거나 모르는 것은 인터넷 등 다양한 방법으로 스스로 찾을 수 있는 능력과 분야별 이해와 분석이 가능한 수준이어야 합니다. 즉, 현재의 완전한 지식보다 미래의 불분명한 정보의 정체를 밝힐 수 있는 지적능력 수준이어야 합니다.

그렇다면 공부수준은 어느 정도 되어야 할까요?

　현재 학습수준으로 볼 때 지역별 차이는 있으나 중상위권(90점 전후)이면 무난하지 않을까 생각합니다. 이는 미래에 흥미가 있거나 필요하다고 판단할 경우 원하는 정보를 확보할 수 있기 때문입니다. 즉, 정답보다 정답을 찾는 능력을 배양하는 것이 10~20년 후를 대비하는 미래학습이라고 할 수 있습니다. 그러므로 학문으로 출세가 가능한 극상위권(2%)이 아니거나 만약 진입이 불가능하다고 생각한다면 중상위권을 확보하면서 다양한 체험을 하게 하는 것이 유리하다고 생각되며, 이는 자녀의 안목을 키울 수 있기 때문입니다.

성적 향상은 노력과 눈물, 고통의 대가이다!

04

세상에 공짜는 없다

이 말이 생긴 유래는 옛날 어느 나라의 왕이 현인들을 불러 모아놓고 전 국민이 잘 살 수 있는 비결을 연구하라고 명을 내렸다고 합니다. 열심히 연구하여 마침내 잘 살 수 있는 많은 비결들을 모아 열두 권의 책으로 만들어 왕에게 드렸다. 왕은 이를 다 훑어보고 비결이 실려 있긴 하지만 열두 권은 너무 많으므로 다시 여섯 권으로 줄일 것을 명하였고 재차 요구해 한 권으로, 다시 한 페이지로 줄였는데 왕은 그래도 많다며 단 한 줄로 줄여 오라고 하였다. 고심 끝에 한 줄로 줄인 글을 왕에게 바쳤더니 왕은 크게 기뻐하면서 '이것만 지키면 모두 잘 살 수 있겠구나' 라고 좋아 했다고 합니다.

그 한 줄이 바로 "이 세상엔 절대로 공짜가 없다"라는 것입니다.

성적도 예외는 아닙니다. 성적이 우연히 향상되는 것도 아니고 노력한 결과물이라고 할 수 있는데, 80점인 학생은 80점을 확보할 수 있을 만큼, 95점은 95점 받을만큼 노력한 것으로 볼 수 있지요. 만약 10점이 떨어진 학생도 점수가 떨어진 원인이 '실수를 많이 해서, 공부한 단원에서 시험 문제가 출제되지 않아서'라며 불만을 토로할 수 있지만 결국 시험 유형 및 핵심 내용 파악 능력이 부족해 발생한 일이므로 불만을 가질 수 있는 요인은 아니라고 봅니다.

당연한 말이지만 노력하지 않는 발전이 없듯이 성적 또한 공짜로 주어지지 않습니다. 중요한 것은 한계에 이르렀을 때 더하는 만큼 성적도 향상된다는 것입니다. 공부의 한계와 성적 향상의 기준은 무엇일까요? 누구나 성적 향상을 원하지만 다수의 학생과 학부모는 나름대로 열심히 노력하는데도 성적이 향상되지 않는다며 불만을 토로합니다. 불만은 욕구가 충족되지 않을 때, 학습의 경우라면 원하거나 노력한 만큼 성과가 나타나지 않았을 때 느끼는 감정이기도 합니다. 공부에 많은 시간을 투자하면 가능성은 많지만 100% 성적 향상으로 연계되지 않는 것은 공부에 임하는 자세와 공부방법, 요령에 문제가 있으며 자신의 수준에 맞는 학습방법도 병행되어야 하기 때문입니다.

성적 향상이란 무엇일까?

향상이란 말은 예전보다 발전하거나 좋아진 상태를 의미합니다. 공부에서 성적향상은 지난번 성적이 평균 85점이었는데 이번 시험에서 90점일 때 5점 향상된 것이지요. 만약 연이어 자녀의 성적 향상을 원한다면 향상된 원인 즉, 이번 시험에서 왜 5점이 향상되었는지를 정확히 파악하는 것이 중요합니다. 반대로 하락시에는 그 원인을 알 수 있고 정확하게 원인 파악이 되었을 때에만 확실히 대처할 수 있습니다. 95점을 원한다면 인내심이나 공부 방법(시간, 교재, 집중력, 자발성 등)을 95점대로 맞출 때 성적 향상이 가능한 것은 당연한 일입니다.

학생들이 공부에 임하는 자세를 분류해 보면 다음과 같습니다.

❶ 최선을 다해 노력하는 그룹

❷ 적당히 노력하는 그룹

❸ 노력하는 척하는 그룹

❹ 마음만 먹고 실천을 안하는 그룹

❺ 돌아서면 잊어버리는 그룹

위와 같은 분류를 살펴보면 성적에 불만이 많은 경우는 ❸~❺그룹이 해당되며, 당연히 성적이 향상되지 않도록 공부했기 때문입니다. 자녀의 학습 태도가 어느 그룹에 속하는지 한번 생각해 보시기 바랍니다.

지난번 시험 준비시 100시간을 참으며 노력한 결과 평균 80점이었다면 이번에는 '학습 시간 증가+학습 방법 개선' 등이 병행되어야 그 이상의 성적 향상이 가능합니다. 그것은 불변의 진리와 같이 우연이란 없으며, 자신의 한계를 뛰어넘는 것으로 그 한계를 뛰어넘는 만큼 성적이 향상될 뿐입니다. 즉, 성적 향상은 인내심 그리고 추가적인 고통과 정비례합니다.

적당한 스트레스가
우등생을 만든다?

실패가 없는 성공은 불가능합니다

흔히 사람을 '사회적 동물'이라고 합니다. 가장 바람직한 사람 사이의 관계는 서로 도우며 함께 이익을 나누는 것입니다. 그러나 현실에서는 자신의 손해를 알면서 남을 도울 수도 있고, 또 서로의 이익을 추구하다가 어느 한쪽이 손해를 보고 다투기도 하지만 그래도 어울려 살아갈 수밖에 없는 것이 인간 관계가 아닐까 합니다.

어느 누구도 경쟁을 좋아하는 사람은 없습니다. 하지만 경쟁이 없는 사회는 발전할 수도, 존재할 수도 없는 것이 현실입니다. 사람보다 지능이 낮은 하등 동물들도 구역 확보나 종족 보존을 위하여, 혹은 서로 암컷을 차지하려고 피비린내 나는 싸움을 하다가 패하면 목숨을 잃거나 무리에서 버림을 받습니다. 하물며 만물의 영장(靈長)이라는 인간이 어떻게 경쟁을 피하고 살 수 있겠습니까. 어차피 받아들여야 할 경쟁이라면 기꺼이 순응하여 그 경쟁에서 이기기 위해 노력할 때 한 단계 더 높은 성취와 발전이 이루어집니다.

미꾸라지를 통한 실험 사례를 살펴보겠습니다.

어떤 양식업자는 미꾸라지가 서로 다른 환경에서 어떻게 자라나 성장 상태를 실험하기로 하였습니다. 첫 번째는 모내기를 끝낸 논에 생후 2개월 된 미꾸라지만을 방류하였습니다. 두 번째는 다른 논에 같은 면적으로 동일한 미꾸라지와 몇 마리의 메기를 함께 방류하였습니다. 주위 사람들은 미꾸라지가 메기 때문에 생존할 수 없을 것이라고 걱정했습니다. 그러나 9개월 뒤 방류한 미꾸라지를 확인한 결과는 주위 사람들의 예상과 정반대로 나타났습니다. 메기와 함께 방류한 논에서 자란 미꾸라지가 더 통통하고 양호한 상태였던 것입니다.

이 실험을 주도한 분은 다음과 같이 말했다고 합니다.

"여러분, 정년퇴직한 분이 왜 빨리 늙고 치명적인 병에 잘 걸리는지 아십니까? 지금까지 고생하다가 편안히 쉬게 되면서 갑자기 병마에 시달리는 것을 많이 보죠. 또 어떤 이는 무엇인가를 하고 싶으나 자식이 말려 못하는데, 활발히 움직이던 몸이 갑자기 정체될 때 어떤 현상이 일어나겠습니까?"

이어진 그의 설명은 다음과 같았습니다.

언뜻 보기에 미꾸라지가 살기에는 첫 번째의 환경이 더 좋을 것 같으나 사실은 그렇지 않습니다. 천적도 없고 먹을 것이 풍부해서 움직일 필요가 없어진 미꾸라지는 운동량이 적다 보니 먹는 양도 적어져 병에 걸리기 쉬워집니다. 그 결과 비정상적으로 성장하며, 번식률도 기대치보다 낮아질 수밖에 없습니다.

사랑하는 아이도 마찬가지가 아닐까요?

현재의 어려움을 어려움이라고 생각하면 극복하기는 상당히 어렵습니다. 후일 더 큰 성공의 틀을 마련하기 위한 과정이라고 생각하면 오히려 달게 받아들일 수 있어 현재 어려움의 강도는 아주 약해질 것이며 깊고 답답한 어둠의 터널에서 보다 빨리 빠져 나올 수 있을 것입니다. 이왕 당하는 어려움, 다른 이들과 시기가 다를 뿐이지 누구나 그렇게 당하고 있는 것입니다. 아이가 힘들어 고통을 호소하면 시행착오를 겪는 과정, 실패를 통해 성공하는 방법을, 공부를 통해 인내심을 배양하는 과정이라고 생각하면 어떨까요?

뛰어난 장군 아래 능력있는 병사들이 있듯이 부모가 변해야 자녀도 변합니다. 실패가 없는 성공이 불가능하듯이 경쟁과 스트레스없이 원하는 것은 결코 얻을 수 없는 법입니다.

10~15점이 자녀의 미래를 결정한다? >>> 06

목표를 향한 실천의 중요성

누구나 미래에는 좋은 직업에 종사하기를 원합니다. 아주 옛날 농경 사회처럼 모방이 불가능하고 산업 사회처럼 성실함만으로 원하는 삶을 영위할 수 있는 시대는 이미 지나가고 없습니다. 사람이 넘치는 시대, 필요한 사람이 적은 시대, 임시직이 주류를 이루는 시대, 기계가 생산을 담당하는 시대, 서비스업이 주류를 이루는 시대, 2%가 98% 먹여 살리는 시대, 자본이 아닌 아이디어(지식)로 부를 축척하는 시대, 지식이 경제를 주도하는 시대, 급료가 수 십배 차이나는 시대, 중산층이 없어지는 시대, 빈부격차가 점점 심화되는 시대, 2% 상류층에 속하지 않으면 순종하는 직업에 속해야 하는 사회에 우리들은 살고 있습니다. 자녀들이 살아갈 앞으로는 더욱 심화되리라고 전문가들은 예상합니다. 그래서 10~15점의 점수가 자녀의 미래를 결정할 수도 있습니다.

2% 상류층에 가입할 수 있는 요건이 무엇인지를 성적의 예를 들어 3가지로 구분할 수 있습니다.

❶ 98점대 – 학문으로 성공할 수 있는 그룹

❷ 95점대 – 학문과 사업으로 성공할 가능성 있는 그룹

❸ 90점대 – 창업, 아이디어 사업 등으로 성공할 가능성 많은 그룹

지금 자녀가 80점대라면 10점(과목별 3문제)으로 1단계 진입이 가능하며 90점대가 되면 강요보다 성적 향상에 적극적으로 임하게 되는 경향이 많으므로 10~15점(90~95점대) 진입이 자녀의 직업으로 결정된다고 할 수 있습니다.

1년 이내 10~15점(90점대)의 성적 향상은 나중에 자세히 설명할 체인식 강의와 어휘력만으로도 충분히 가능해 2% 진입의 초석을 만들 수 있습니다. 분기별 1문제 성적 향상을 목표로 하면 1년이면 10점 이상 성적 향상이 가능합니다. 무조건 공부를 강요하기보다 아이의 수준을 감안해 계획을 세우고 부모도 아이가 실천하는데 문제가 없도록 도와야 하며 특히 분명한 목적 의식과 목표를 가지고 있어야 합니다.

성적이 나쁘다고, 너무 늦었다고 포기할 필요가 없습니다. 목표에 도달하는 시점에서 차이가 있을 뿐입니다. 중요한 것은 언제부터 실천하느냐만 남아 있을 뿐이며 늦게 실천하면 늦게 도달하는 것은 당연한 일이지요. 부모의 결단이 아이의 미래를 좌우할 수도 있습니다.

자녀와의 **공부전쟁!** 불가피한가? 〉〉〉 **07**

공부전쟁

공부전쟁의 역사는 깊습니다. 조선시대 이후에나 공부에 따른 출세 기회가 평등하게 주어졌으니까 불과 100여년 전만해도 공부(학문)는 원한다고 누구나 할 수 있는 것은 아니었습니다. 그런데 지금은 누구나 원한다면 공부를 할 수 있고 그로 인한 출세도 가능하지요. 그래서 인지 지금은 대부분의 가정에서 자녀와 공부전쟁을 치르고 있다고 해도 과언이 아닐 정도로 자녀의 교육에 대해 부모들이 심각하게 생각하고 있습니다.

미래의 자녀의 삶을 위해 필요한 공부가 왜 섬뜩한 용어인 전쟁이란 말을 쓸까요? 대개 전쟁이란 양보할 수 없는 사안을 위해 토론, 타협, 협상, 양보, 조율 등으로도 해결되지 않으면 최후 수단으로 무력을 행사하는 것이 전쟁입니다. 그러나 부모와 자식은 남남이 아니며 공부를 했을 때 서로에게 득이 되는데 공부를 하지 않으려 하는 자녀와 시키려고 하는 학부모

간에 전쟁을 방불케 하는 일이 일상처럼 발생하고 있는 것이 답답한 우리
의 현실입니다.

공부전쟁의 승자는 누구일까요?

전쟁은 승자와 패자로 귀결되나 부모와 자녀와의 공부전쟁은 대부분
서로 패자가 되어 돌이킬 수 없는 상처를 남기기 마련이며 설사 승자가
있다 하더라도 상처없는 완벽한 승자는 거의 불가능합니다. 지금 이 순간
우리의 현실을 떠올려보면 이해가 될 것입니다.

공부전쟁! 막을 수는 없는 것일까요?

한마디로 자녀와 부모와의 전쟁은 백해무익입니다. 너무나 당연한 말
이지만 현실은 내 마음으로부터 떨어져 있으니 가슴앓이를 할 수 밖에 없
습니다. 그러나 이를 잘 알면서도 치를 수 밖에 없는 이유는 사회의 경쟁
에서 생존하기 위해서, 또 유리한 위치를 확보하기 위해서 공부는 필연적
이기 때문입니다. 간혹 5~10% 정도는 공부전쟁을 하지 않는 경우도 있
다고 합니다. 너무 대견한 자녀를 둔 부모들이 부럽기도 하지만….

공부전쟁은 부모에게 원인이 있다?

이런 말을 하면 대부분의 부모는 의아해하거나 믿기지도, 당치도 않다는
반응을 보입니다. 문제는 부모가 자녀에게 공부를 요구하는 것은 '자녀의
미래를 위해서'라고 생각하지만 자녀는 '부모의 기쁨을 위해서' 거의 억지
로 어쩔 수 없이 하기 싫은 공부를 한다고 생각하는데 있다는 것입니다.

지금 여기서 이런 생각을 한번쯤 해봐야 합니다.

'자녀가 자기 자신을 위해서 공부를 한다고 정말 생각을 하고 있을까?', '부모를 위해 하기 싫은 공부를 억지로 참고 한다고 생각할까?'

공부! 과연 누구를 위해 하는 것인가?

언뜻 영화 제목이 떠오르지 않나요? "누구를 위하여 종을 울리나"

요즘 아이들이 예전에 비해 예의도 없고, 인내심도 없다며 한탄하는 경우를 자주 접합니다.

근래에 이르러 그 정도가 심해진다는데 문제의 심각성이 있습니다. 수년전부터 '대학 청소년'이라는 말이 유행하고 있는데, 대학생이 되어도 철이 들지 않는다는 것을 일컫는 말이라고 합니다.

왜 아이들이 철이 늦게 드는 것일까요?

다음의 이야기를 읽으면서 한번 생각보기로 합니다.

초등 4학년 은진이의 예를 들겠습니다.

은진　(거실로 뛰어 들어오며) 엄마 나 시험 점수 100점 받았어! (라며 환한 얼굴로 시험지를 내민다.)

엄마　(기대에 찬 표정으로 시험지를 받아 확인한 후 포옹하거나 뽀뽀를 하며) 그래, 우리 딸 은진이가 최고야! 시험 잘 봤으니 선물 또는 맛있는 것 무엇을 사줄까?

은진　엄마! 나 인형(치킨, 컴퓨터 등) 갖고 싶어.

먹고 싶은 것을 요구하고, 엄마는 흔쾌히 O.K 사인을 보내는 등 모녀가 한동안 행복에 젖는다.

위와 같은 과정이 반복되면서 엄마는 은진이가 상위권 성적을 유지하는 것이 당연하다고 생각하게 됩니다.

【 시험 결과가 좋지 않은 어느 날 】

은진　(예전과 다름 없이) 엄마! 시험지 받아 왔어요.

엄마　그래, 이번에도 점수 잘 받았겠지? (한껏 기대를 하고 시험 결과를 확인한 은진 엄마. 험하게 인상을 쓰며) 점수가 이게 뭐야! 이걸 시험이라고 봤어! 이걸 점수라고 받았어!

엄마는 심하게 꾸중을 하거나 더 심하면 체벌을 하는 등 점수가 높았던 예전과 전혀 다른 모습에 아이가 충격을 받는다.

은진　(엄마의 예상하지 못한 꾸중에 놀라 어쩔 줄 모른다.)

엄마　다음에 또 점수가 좋지 못하면 가만히 두지 않을 거야! (라고 협박성 경고를 한다.)

은진이는 이때부터 어머니를 위해, 혼나지 않으려고, 공부를 잘해야 한다는 생각에 공부에 대한 스트레스를 받게 된다.

【 다음 시험에서 점수를 잘 받은 날 】

은진　엄마, 엄마, 엄마! (라고 외치며 시험지를 들고 들어온다.)

엄마　(엄마는 성적이 좋은 것을 알고 함박웃음을 지으며) 우리 은진이가 어떤 딸인데 이번에는 시험 잘 볼 줄 알았어. 다음에도 잘 볼 거지? (라며 반긴다.)

【 수주 후 점수를 잘 받지 못했을 때 】

엄마　시험지 받았다며? 시험지 좀 보자!

은진　(머뭇거리며 선뜻 보여주지 않고….)

엄마　(혼을 내며 강제로 시험지를 빼앗거나 학교에 전화해 보겠다고 호통친다.)

은진　(공포와 절망감으로 체념한 표정을 짓는다.)

점수가 좋으면 엄마, 아빠가 기뻐하고 점수가 나쁘면 자기만 혼나는 과정이 반복될 때 은진이의 생각은 어떨까? 내가 성적이 좋으면 부모님이 기뻐하시지만 성적이 나쁠 때는 불같이 화를 내신다는 것을 이내 알아채게 됩니다. 그래서 부모님에게 꾸중을 듣지 않기 위해 나름대로 열심히 할 때도 있고, 원하는 성적으로 칭찬과 선물 공세를 받기도 합니다.

따라서 은진이는 공부를 하면서 '나는 왜 공부를 하는가?'에 의문을 가지게 되며 성적이 좋으면 부모님이 기뻐하지만 성적이 나쁠 때는 화를 내고, 꾸중도 하고, 심지어 나를 때리기까지 하는 과정이 반복되면 결국 '아! 내가 공부를 열심히 해야 부모님이 좋아하고 꾸중을 듣지 않는다'라는 결론에 도달하게 됩니다.

또한 부모님이 무서워서 억지로 공부하는 저학년 시기에는 외형적으로는 큰 문제가 나타나지 않습니다. 그러나 자립성과 사고력이 발달하는 시기(초등 고학년 또는 중학생)가 되면 게임이나 친구와 놀기 등 하고 싶은 것도 못하고, 하기 싫은 공부를 부모님을 기쁘게 해드리기 위해 공부해야하는 현실에 차츰 회의를 느끼기 시작하며, 심화되면 외형적으로 표출되며 반항으로 나타나게 됩니다. 냉탕과 온탕을 오가는 사이 자녀와 부모의 관계는 자꾸 멀어져만 가는 것이 현실입니다.

한편 위의 사안을 실감하는 사건이 일어나는데 그게 바로 시험 준비 때마다 자주 발생한다는 것입니다. 학원에서도 시험이 끝나거나 성적이 좋으면 당연하다는 듯이 노래방, 피자 등을 요구합니다. 필자도 학생들의 요구에 심기가 불편해 "성적이 향상되었으면 너희들이 선생님께 맛있는 것을 사드려야 되지 않니?"라며 "우리는 선생님에게 고구마, 옥수수 등을 대접했어!"(뭐 옛날 얘기지만) 라고 하면 학생들은 "그때는 그때잖아요!"라고 말합니다. 학생들에게 그 이유를 물어보면 "공부하느라고 우리가 고생했고 우리 성적이 올라가면 신입생이 많이 들어오잖아요!"라는 말에 그만 어안이 벙벙해집니다. 그리고 선생님들에게는 "우리의 성적이 좋아지면 선생님 봉급도 올라가고, 원장님에게 인정도 받잖아요!"라고 한답니다.

그래서 위와 같은 생각을 버리지 않으면 다음과 같은 심각한 결과를 초래할 수 있습니다.

❶ 미래를 위한 준비를 하지 못한다

❷ 자신의 문제점에 대해 알지 못한다

❸ 왜 공부를 해야 하는지 조차 모른다

❹ 부모님과의 원만한 관계에 문제를 만든다

❺ 성적 향상에 도움을 주는 기관(학교, 학원, 개인지도 등)을 부정적으로 생각

　해 문제를 만든다

중학생의 예를 들어 보겠습니다

다음은 부모와 중학생 딸 사이에 있었던 얘기를 옮겨보았습니다.

【 시험 끝난 수일 후 】

미진　엄마! 임시 용돈 2,000원만 주세요.

엄마　며칠 전 이번 달 용돈 주었잖니?

미진　특별 용돈은 엄마가 따로 준다고 했잖아.

엄마　그래, 어디에 쓸 건데?

미진　과학 선생님께 맛있는 것 사드리려고.

엄마　왜? 선생님이 너희 지도하는 것은 당연한데….

미진　시험 대비해서 다른 애들보다 더 많이 지도해 주셨는데, 내 성적
　　　이 오르지 않아서….

엄마　그럼, 선생님과 약속한 거니?

미진　아니야! 미안해서 그래. 에이~ 억울해! 내가 성적이 올랐으면 내
　　　가 얻어먹는 건데….

엄마는 딸이 성적이 올랐으면 '선생님에게 얻어먹는 건데' 라며 아쉬워
했다고 자기 딸이 인격적으로 성숙했다며 아주 자랑스러워 하였습니다.

과연 어머니가 생각하는 것처럼 자랑스럽기만 한 딸일까요?

스승의 날에 선물을 하는 것은 지도한 것에 대한 감사의 표시며, 학원
에서도 스승의 날이 되면 학생의 인기도에 따라 선물을 받았고, 학교 시
험 성적이 예상외로 많이 향상될 경우 음료수, 별식 등으로 보답하곤 했

는데 열심히 지도하신 선생님에 대한 고마움의 표시였습니다. 10여년 전 초등학생이 시험을 잘 보면 손을 벌리곤 하였는데 어려서 철이 없어서려니 했습니다. 그러나 근래에 이르러 고등학생까지 확산되고 있습니다.

위의 사안을 대수롭게 생각하지 않을 수도 있으나 의외로 심각한 상황을 초래할 수 있습니다. 그 원인이 무엇인지를 분석해 보겠습니다.

❶ 하기 싫은 공부를 남을 위해 공부한다는 생각에 성적 향상에 최선을 다하지 않는다

❷ 성적을 강요하면 왜 부모님을 위해 공부를 해야 하느냐며 반발한다

❸ 보상을 당연하게 생각해 갈등을 초래한다

❹ 사리를 판단하는 능력 부족으로 현실 감각 능력이 떨어진다

❺ 철드는 시기가 늦어 기회를 놓칠 가능성이 많다

❻ 사회생활 적응에 심각한 문제를 초래한다

다음의 자료는 부모님이 가정에서 아이의 성적 향상 가능성을 간단하게 테스트할 수 있는 자료로 지도에 참고하면 도움이 될 것입니다.

▶ 학습 상태 점검

성적이 향상될 가능성 여부를 간단하게 진단해 본다.	
❶ 공부에 소극적이다.	【 ○　 Ｘ 】
❷ 공부하라는 소리에 신경질과 짜증을 자주 낸다.	【 ○　 Ｘ 】
❸ 보상을 자주 요구한다.	【 ○　 Ｘ 】
❹ 공부를 왜 하는지 조차 모르는 듯하다.	【 ○　 Ｘ 】

❺ 성적이 낮아도 걱정하는 기색이 전혀 없다. 　【 ○　Ｘ 】

❻ 평상시 과제물 외에는 전혀 하지 않는다. 　【 ○　Ｘ 】

❼ 시험이 임박해도 긴장하거나 스스로 공부하는 경우가 많지 않다. 　【 ○　Ｘ 】

❽ 미래에 대한 꿈(직업, 닮고 싶은 인물, 성공한 사람 모방 등)이 없다. 　【 ○　Ｘ 】

위 사안에 3개 이상 연관되어 있으면 가능한 빨리 의식을 바꾸어 주어야 합니다. 위의 문제 대부분은 학부모의 가정 교육에서 비롯되었다고 봅니다. 덧붙여 필자의 생각으로는 본의의 의도는 아닐지 몰라도 학부모가 '공부는 부모를 위해 하는 것' 이라고 교육시켰다고 봅니다.

이 책을 읽고 계시는 분들 중에는 자의냐 타의냐를 떠나 결과적으로 부모님이 "공부는 부모를 위해서 열심히 해야 하며, 성적이 우수해야 내가 기뻐하며, 나의 기쁨을 위해 너는 공부를 열심히 해야 해! 라고 시켰다." 라고 하니 화를 낼 분도 있을 것입니다. 그런 부모가 이 세상 천지에 어디 있냐고 반문도 할 수 있습니다. 그러나 분명한 것은 대다수의 부모들은 자녀에게 이런 의식을 심어 주었다는 것입니다.

예를 들어 보겠습니다. 유치원 또는 초등학교 때의 시험 결과가 좋으면 자랑스럽고 대견스러운 마음에 칭찬은 물론, 주위에 자랑도 하였으며 용기를 북돋아 주기 위해 파티, 선물 공세 등을 병행하면서 같이 즐거워하였습니다. 그러나 성적이 좋지 않을 때는 얼굴 표정이 예전과는 반대로 바뀌며 하늘이 무너질 듯이 화를 내고 꾸중을 하였을 것이니까요.

문제의 주원인은 시험결과에 대한 대응에서 발생한 것이므로 대응책만 약간 바꾸면 됩니다.

❶ 자녀가 우수한 성적을 얻은 경우

미소를 짓는 정도의 표정을 지으면서 자녀의 머리나 어깨를 쓰다듬으면서 "그래! 수고했어. 노력하더니 좋은 결과가 나왔구나! 계속 노력하면 네가 원하는 직업, 우상으로 생각하는 분들처럼 너도 될 수 있어. 너는 좋겠다!"라고 하는 정도로 끝냅니다. 중요한 것은 "성적이 좋아. 너는 좋겠다."를 강조하는 과정이 반복되면 공부는 나를 위해 하는 것이라는 생각을 자연스럽게 하게 되어 위의 문제를 사전에 방지할 수 있습니다. 가능하면 성적이 우수한 것에 대해 물질적인 보상은 해주지 않도록 하는 것입니다.

❷ 자녀 성적이 떨어진 경우

성적이 떨어지면 가장 속이 많이 상하는 것이 자녀 자신입니다. 그러므로 문제의 성적표를 보면서 "성적이 떨어져 네가 무지하게 많이 속상하겠네." 자녀가 시험 준비한 상태를 감안하여 "노력을 했는데도 성적이 향상되지 않은 것을 보니 문제가 엄청 어려웠나 보다.", "이번에는 우리 ○○가 공부한 내용이 출제되지 않았나 보지? 게으름을 피웠다면 이번 달에는 약간 게으름 피운 것이 나타난 거야. 노력한 만큼 성적이 오르잖니! 결론적으로 괜찮아, 공부 열심히해서 다음에 잘 보면 되지 뭐. 너무 실망하지마라! 나는 사랑하는 우리 ○○의 능력을 믿으니까.”라며 마무리합니다.

이처럼 대수롭지 않는 듯 무심한 척 대하는 것이 중요합니다. 성적에 초점을 맞추지 말고 성적이 낮으면 자녀 자신의 문제라는 것을 느낄 수 있도록 하여야 하는데, 공부는 부모인 나와는 별 상관이 없다는 식이 되어야 한다는 것입니다. 그럴 때 자녀는 자신을 깊이 성찰해 볼 수 있는 기회를 가질 수 있게 되고 위의 과정이 반복되면 공부는 나의 미래를 위한 것이라는 사실을 자연스럽게 인식하게 되어 공부의 필요성도 빨리 느끼게 됩니다. 즉, 자녀가 철이 빨리 들게 된다는 것입니다.

안하는 학생과 못하는 학생의 차이

필자가 학원장이나 학원 강사 연수 시에 "공부를 안 하는 학생과 못하는 학생의 차이를 아십니까?"라고 질문하면 대부분 당황해 하며 그것도 질문이라고 하느냐는 듯 표정을 짓습니다. 그런데 학부모 모임에서 동일한 질문을 하면 처음에는 의아해 하는 표정을 짓다가 당황해 하면서 정답을 애기하는 분의 비율이 학원에 종사하는 원장이나 강사에 비해 상당한 차이를 보이기도 합니다.

질문 내용은 대단히 중요한 것으로 자녀를 둔 학부모라면 꼭 인지해야 합니다. 왜냐하면 열심히 노력을 하는데도 성적이 향상되지 않는 원인이 제시되기 때문입니다.

예를 들어보겠습니다. 학생들을 그룹화하여 구분하면 노력을 하는데도 성적이 향상되지 않은 그룹과 노력한만큼 향상되는 그룹, 노력 이상으로 향상되는 그룹이 있습니다. 이러한 그룹에서 동일한 환경(선생님, 강의실, 교재 등)에서 학습을 하는데도 결과가 판이한 이유는 무엇일까요? 흡사 누구나 부(富)와 명예를 쟁취하기 위해 노력하지만 극소수의 선택받은 그룹만이 부와 명예를 갖는 원리와 같지 않을까요? 문제는 노력하는 만큼 성과가 있으면 보람과 성취감으로 더욱 매진하게 되는 반면 성과가 미진할 경우 절망과 포기로 이어지는데 더욱 심각한 것은 공부는 긍정이든 부정이든 개인에게는 선택의 여지가 없다는데 문제의 심각성이 있습니다.

노력을 하는데도 성적이 향상되지 않는 것은 학습 과정에 문제가 있는 것입니다. 즉, 자녀가 공부를 안해서 문제인지, 못해서 문제인지 파악하는 것이 무엇보다도 중요합니다. 자녀가 공부를 안해서 문제라면 엄격하게 관리(설득, 체벌 등)해서 학습량을 증가시키면 가능하지만 못하는 경우에는 많은 학습량으로도 해결되지 않습니다. 그렇다면 공부를 안하는 것과 못하는 것의 기본을 제시해 보겠습니다.

❶ 공부를 안하는 경우

90점대 이상으로 공부를 하면 성적이 향상될 수 있는 기초 력(학습능력)은 가지고 있지만 산만, 의욕 부족, 목표 미설정 등으로 즉흥적인 기분에 따라 행동하는 형으로 언제든 내가 열심히만 하면 언제든지 성적을 향상시킬 수 있다고 생각한다.

❷ 공부를 못하는 경우

평균 90점 이하로 기초가 부족해 강의 이해력이 낮아 스스로 학습이 거의 불가능하며 학습량이 많아도 누적 학습이 되지 않아 성취감

을 느끼기보다 답답함이 앞서 공부 시작 10분 전후면 학습 외적인
행동을 하게 됩니다.

그러므로 공부를 못하는 자녀에 해당될 경우 학습량보다 질에 비중을
두어야 합니다. 구체적으로 자녀가 공부를 못하는 원인에 대해서는 다시
설명하도록 하겠습니다.

중학교 첫 시험 성적을 중시하라!

>>> *09*

좋은 습관을 결정짓는 중학교 첫 시험

중요하지 않는 시험은 없지만 첫 시험이 대단히 중요합니다. 그것은 지난 학습과정의 최초 평가이며 성적 비교가 용이하도록 70점, 85점, 98점 등으로 점수화하여 나타나기 때문입니다.

부모들이 학습 평가에 상당한 관심을 가지는 것은 자녀들 학습의 긴 과정을 대부분 육안으로 확인할 수 없고 불안한 마음으로 시간은 흘러가고 지출은 꾸준히 이어지니 그 결과에 지대한 관심을 가지게 되는 것은 당연한 일입니다.

시험에서 70점, 85점, 98점 등의 평가는 학생에게 학습 상태를 규정짓는 계기가 되고 학업의 출발 선상이 된다는 것이며 등급의 기준점이 된다는 것입니다. 그래서 98점대 학생은 우등생, 85점대는 보통, 70점대는 열등생이라는 딱지표를 하나씩 가지게 됩니다.

우선 시험이라는 말뜻을 국어사전에 찾아보면 시험(試驗)은 재능, 실력을 실험해보는 것이라고 정의하고 있습니다. 그리고 시험은 학습 과정에 대한 평가라고 볼 수 있으며 그것을 점수로 표기하고 있습니다. 시험 점수가 70점, 98점인 학생이 있다면 학습 과정도 70점, 98점만큼 정답을 기재할 수 있는 능력을 배양한 결과를 가집니다.

매년 5월 중순경이 되면 하얗게 질린 얼굴로 학원을 방문해 성적표를 제시하면서 자녀의 성적결과를 믿기지 않아하는 부모님들이 많이 계십니다. 초등학교 때는 성적에 아무 문제가 없었는데 중학교 첫 시험 결과가 왜 이렇게 엉망이냐며 영문을 알 수 없다는 것이죠. 처음에는 아이의 실수라고 생각해 보지만 전 과목에서 실수한다는 것은 있을 수도 없고 도저히 믿기지가 않는다는 것입니다. 상당수의 학부모는 행여나 하는 마음에 2차 시험인 1학기 기말고사 결과를 확인하고 여름방학을 맞으면서 또 하소연을 하는데 처음 결과는 실수라고 생각했는데 기말시험 결과를 보니 대책을 세우지 않을 수 없다며 당황해 합니다.

이러한 문제는 초등 과정과 중등 과정의 학습 차이를 몰랐을 수도 있고, 점수에 대한 거부감, 준비의 필요성을 몰랐을 수도 있으며, '알아서 하겠지' 또는 '초등학교 때에 문제가 없으니 중학교 과정에서도 문제가 없겠지' 하는 생각이 주류를 이루었을 것입니다. 그런데 필자가 보기에는 학부모가 대부분 초등 과정의 중요성을 인지하지 못하고 막연하게 생각하거나 학교에서 큰 문제점 제시가 없어 방심하는 사이에 중요한 시기를 놓친 것이라고 생각합니다.

그런데 더욱 큰 문제는 위와 같은 사실을 학부모가 믿지 않으려는 것과 아직도 6년 이상 남았는데 뭐 그리 서두를 일도 아니라며 느긋한 분도 계시다는 것입니다. 당연히 자녀가 열심히만 공부한다면 충분히 만회할 시간은 분명히 있지만 만회하는 학생의 비율이 극소수에 그친다는 것이 큰 문제입니다. 그렇다면 위와 같은 현상이 발생하는 원인은 무엇일까요?

중학교 1학년 첫 시험이 왜 중요한지 알아봅시다

❶ 개인별 수준을 처음으로 평가받는다

중1 과정이 본격적인 학습 시기라고 할 수 있는 것은 학생의 수준을 명확히 구별하기 때문입니다. 초등 과정은 수준 구분이 불분명하지만 중학교 과정은 과목별 성적, 학급 석차, 전교 석차까지 적나라하게 드러납니다.

중1 첫 시험 결과가 6년 후에 있을 대학 입학 성적에 연계될 확률이 73~75%라는 통계가 있고, 고1 첫 시험 결과가 대학 입학 시험에 연계될 확률이 90%를 상회한다고 합니다. 현재 성적(학습 습관)이 수년 후에도 결정적인 영향을 끼친다는 얘기인데 가장 중요한 것은 자녀의 고정화된 학습 습관을 좀처럼 고치기 어렵다는 것입니다.

❷ 10년 이상의 학습 과정에 대한 종합 진단서

성적은 우연히, 일시적으로 나타나는 결과물이 아닙니다. 그동안 가정, 학교, 마음가짐, 학습에 투자한 시간 등 학습(생활) 습관의 결과물로 중1 첫 시험 결과는 출생에서 현재까지 학습의 종합진단 결과표라고 할 수 있습니다. 성적에 문제가 있다는 것은 그동안의 성장 과정에서 비롯되었다는 것을 의미합니다.

지금부터 문제점을 찾아보겠습니다

❶ 심리 상태

결과에 따라 심리 상태는 상당한 차이를 보일 수 밖에 없는데 성적이 월등하거나 우수한 경우 자신감과 함께 성취감을 느끼게 되어 공부에 대한 두려움보다 흥미를 가지게 되며 편안한 상태에서 공부에 임하게 됩니다. 가장 많은 비중을 두어야 할 사안은 자녀가 공부를 생각하는 관점으로 첫 시험 결과 특히 중학교 첫 시험 결과에 따라 심리 상태가 좌우되는 경우가 상당하기 때문에 첫 시험에 대한 대비가 그만큼 철저히 할 필요가 있습니다.

❷ 결과의 의미

성적 향상이 잠깐의 노력으로 가능하다고 생각하는 경향이 상당히 많은데 특히 학년이 낮을 경우 학습량에 대한 누적이 적기 때문이라고 생각하는 경우가 많습니다. 물론 부정할 수는 없으나 그렇다고 100% 동의할 수 없는 이유는 수준에 따른 학습량으로 생각해야 하기 때문입니다. 즉, 초등학생은 학습 집중력도 약하고 기초를 보강하는 시기로 나름대로 상당한 인내심이 필요한데 그것은 학년과 나이에 따라 적용되기 때문입니다.

그러므로 '저학년이기 때문에' 라는 생각에 안이하게 대처하는 것도 문제이며 그렇다고 너무 심각하게 생각하는 것도 문제입니다.

공부(재능, 실력) 능력을 키우기 위해서는 인내심. 자제심, 창조력, 탐구심, 성실성, 대처 능력, 집중력, 어휘력, 학습 방법, 이해력, 계획성, 실천력 등이 필요합니다. 즉, 90점이라면 위의 요소가 90점 수준에 도달했다고 할 수 있으며 위의 능력의 대부분은 학습 능력과 실력을 배양하는데 결정적인 요소로 작용도 하지만 사회 생활을 하는데도 필수 불가결한 요소입니다.

그러므로 점수로 생각하기보다 위의 요소 부족으로 생각하여야 합니다. 즉, 공부를 하는 것은 위의 요소를 배양하는데 목적이 있다고 할 수 있습니다.

❸ 환경

성적에 문제가 있을 경우 환경이 문제가 될 수도 있는데 습관을 바꾼다는 것은 상당히 어렵지만 공부에는 절대적인 요소로 작용합니다.

고정화되고 오래된 습관일수록 바꾸기 어려운 것이 습관의 특성이므로 자의식 발달이 본격화되지 않았을 시기에 개선하는 것이 유리하며 필요할 경우 설득이나 강제력을 병행할 수 있기 때문입니다.

그러나 사춘기에 진입하면 자신의 미래를 생각해 문제 해결이 쉬울 수도 있으나 심각해지는 경우가 압도적으로 많다는 것입니다.

그러면 왜 중1 첫 시험 성적이 대입까지 연계되는 걸까요?

❶ 학습 내용 난이도 심화

- 중학교 과정은 초등 과정에 비해 난이도가 깊으므로 탄탄한 바탕 지식(어휘력, 수리력, 응용력 등)과 배경 지식이 있어야 하며 교과서 위

주 예습이 필수 과정입니다.

- 상급 학년이 될수록 바탕 지식과 배경 지식의 비중이 기하급수적으로 증가합니다.

❷ **학습 과정 통합**

- 초등1~3학년까지는 지식이 개별 학습으로 학습하는 반면, 4학년이 되면서 1차 통합(응용력이 필요한 학습 과정)하는 단계로 진입합니다.
- 중1 부터는 본격적인 통합 과정으로 분산된 지식을 통합할 수 있는 능력을 배양하지 않으면 성적 향상은 기대하기 어렵습니다.

❸ **공통 지식, 바탕 지식, 배경 지식 결핍**

지식에는 공통, 바탕, 배경이 존재합니다.

- 공통 지식이란?　사회 생활을 하는데 필요한 인간관계, 질서, 규범, 도덕, 예의, 예절 등에 관한 지식으로 성적에는 크게 영향을 받지 않습니다.
- 바탕 지식이란?　성적 향상에 필요한 지식으로 과목별 전문용어, 수학공식, 원소 부호, 역사, 문장 이해력, 어휘력 등 다방면의 지식을 말합니다.
- 배경 지식이란?　사물이나 대상을 이해하려고 할 때 그와 관련된 주변의 지식을 의미하는데 성적 향상에 절대적인 요소로 작용합니다.

❹ **학습 습관**

- 가장 큰 장애로는 부정적인 학습 습관을 꼽을 수 있는데 익숙하고 편안해진 나쁜 학습 습관을 고쳐 다시 태어난다는 것을 의미할 만큼 힘듭니다.
- 중1 학년 때 학습 습관과 고 3학년 때 학습 습관이 큰 차이가 없다면 대입 수능시험의 결과는 곧 학습 습관의 결과라고 할 수 있습

니다. 이는 이미 12년 동안 이루어진 것이라고 할 수 있습니다.

학습 습관이 개선되는 만큼 성적이 향상되기 때문에 학습 습관 개선이 가장 큰 관권입니다.

"인간은 과거의 습관이나 버릇의 노예가 된다"라는 말처럼 마음과 습관의 개선은 신체의 병을 치료하기보다 더더욱 어려운 일입니다.

시간이 소요되는 예를 들어 보겠습니다

물이 가득 들어있는 양동이를 상상해 봅시다. 양동이 안에는 나쁜 습관이라는 더러운 물로 가득 차 있습니다. 습관을 고친다는 것은 그 더러운 물속에 좋은 습관이란 맑은 물을 조금씩 부어 가는 것과 같기 때문입니다. 이것을 되풀이 하다보면 양동이 안의 물이 처음에는 변화를 느끼지 못하지만 반복이 되면 점차 맑은 물로 변해 갈 것입니다.

매일 좋은 습관이라는 맑은 물로 지금까지의 나쁜 습관이란 더러운 물을 조금씩 정화시켜 가는 것이므로 생각보다 많은 시간과 노력이 필요하며 초기에는 성과를 육안으로 확인할 수 없어 답답해 하기도 합니다. 나쁜 습관은 몸을 편하게 하는 반면, 좋은 습관은 편한 상태를 버려야 하기 때문에 습관을 고치기 어려운 것입니다. 나쁜 습관을 고치는 것이 선결해야 할 가장 큰 문제로 학습 습관을 획기적으로 바꾸지 않는 이상 학습 성적은 물론 평생동안 문제의 습관을 버리지 못해 원하는 성적이나 미래를 얻지 못할 가능성이 많기 때문입니다.

중학교 준비의 중요성

사춘기를 일컬어 질풍노도의 시기라고도 합니다. 사고력을 정립하는 시기, 남의 간섭을 받기 싫어하는 시기에 진입했기 때문에 결손부분을 보완하는데 그만큼 어려움이 따르는 것은 부모의 마음은 급한데 자녀는 관심도 없는 듯한 태도를 취하기 때문입니다. 그러므로 사춘기에 접어들기 전에 습관, 학습 능력 등을 배양시켜 첫 시험부터 긍정적인 결과가 나오게 해야 하는 이유가 여기에 있습니다.

문제점에 대처하려면 어떻게 하여야 할까요?

❶ 결손이나 문제점이 적을 때 빨리 대처한다

현재가 최적기인 것은 기간이 경과할수록 자녀에 대한 장악력이 떨어짐으로 인해 그만큼 어렵기 때문입니다. 그리고 시간이 경과할수록 생활 습관은 굳어지고, 시간이 경과하는 만큼 학습의 결손 비율도 증가합니다. 따라서 사춘기 전 또는 사춘기가 깊어지기 전이 아이들을 컨트롤할 수 있는 최적의 기회입니다.

❷ 학부모님이 변하는 만큼 성적 향상도 되고 자녀도 변한다

자녀의 부정적인 생활 습관의 90%는 부모 탓이라고 볼 수 있습니다. 부모가 변하는 만큼 자녀도 변하기 때문에 부모가 먼저 변하려고 노력해야 합니다. 부모가 변한다는 것은 자녀보다 10배는 어렵다고 보아야 하는데, 이는 부정적인 습관이 나이만큼 익숙해 있기 때문입니다. 90점을 원한다면 90점 학부모와 아이처럼 행동하고, 100점을 원한다면 100점 학부모와 아이처럼 행동하면 머지않아 비슷하게 변합니다. 늦었다고 생각할 때가 가장 빠른 때입니다.

큰 비중을 차지하는 중1 첫 시험을 완벽히 대비하는 방법

❶ 규칙적인 생활을 한다

학습량이 기하급수적으로 증가하는 중학교 학습 과정 적응을 위해서 규칙적인 생활로 컨디션을 조절합니다.

❷ 구체적인 학습 계획을 세워 실천한다

과목별, 시간별 학습 계획을 구체적으로 수립하고 실천합니다.

❖ 생체리듬 학습계획표 209p 참고

❸ 바탕 지식을 배양한다

중학생을 대비한 학습 시간에 바탕 지식 배양을 위한 시간으로 활용합니다.

❹ 교과서 위주 예습을 완벽하게 시킨다

6학년 겨울방학에서 신학기까지 교과서 이해 위주의 예습을 전과목
에 걸쳐 철저히 시킵니다.

중학교 입학 전 교과서 위주 학습 방법을 알아봅시다

❶ 1학기 이내의 범위에서 예습 범위를 정한다

❷ 1학기 이내의 범위에서 교과서의 어휘력 학습에 비중을 둔다

❸ 생활 용어 및 낱말 익히기(교과서 이해를 위해)

❹ 전문 용어 익히기(교과서 과목별 전문 용어 익히기)

❺ 교과서 읽어보고 윤곽 잡기(철저한 복습)

❻ 영어 단어 1학기 범위 철저히 익히기

❼ 교과서 내용 중 질문할 부분 찾아 메모하기

중학교 준비는 많고 완벽할수록 중학 생활은 물론 고등학교, 대학교,
나아가 사회생활도 남보다 확실하게 적응할 수 있는 토대를 마련하게 됩
니다.

자녀는 부모의 복사판이다!

진정으로 자녀를 위하는 것은 무엇일까요?

부모를 닮은 자녀를 보고 우리는 '국화빵 같다. 복사한 것 같다. 완전 붕어빵이야! 벽돌 찍은 것 같아! 판박이, 도장' 등으로 비유합니다.

우리는 흔히 자녀를 꾸짖을 때 '엄마가 시키는 대로만 해! 왜 이렇게 말이 많아! 엄마가 설마 너를 망하게 하겠니!' 라고 하는 경우가 상당합니다. 또한 우리 속담에 부모를 알려면 자식을 보고, 자식을 보면 부모를 안다고 합니다. 그릇된 행동을 하면 부모를 꾸짖으면서도 부모를 욕되게 한다고 하였습니다. 이것은 결국 자식은 부모의 영향을 많이 받는 것을 의미합니다.

❖ 엄마가 시키는 대로 하는 교육이 바람직할까요?

❖ 엄마가 시키는 대로 하면 자녀 미래를 확실히 대비할 수 있을까요?

❖ 엄마의 개성과 자녀의 개성이 꼭 일치할까요?

일부 긍정적인 면이 없지는 않지만 자녀에게 치명적일 수 있는 것은 엄마의 마인드가 농경 시대의 마인드라면 자녀는 첨단 시대, 불확실성 시대라고 할 수 있습니다. 그러므로 엄마(부모)의 마인드를 고집하며 교육한다면 문제가 되는 것은 자명한 일이므로 자녀를 위한다면 '규정짓고 따르기를 강요하기보다 분위기를 조성해주면서 스스로 문제점을 파악하고 대안을 마련하는' 등 '스스로 해결할 수 있는 능력을 배양할 수 있는 방법과 기술'을 익히는데 중점을 두여야 합니다.

자녀가 부모의 분신인 것은 부인할 수 없는 사실이며 외모 또는 행동은 어쩔 수 없다고 하더라도 생각만은 시대에 적응할 수 있도록 배려하는 마음을 가져야 합니다. 그러므로 자녀가 부모의 기준에 어긋난다 하더라도 곧장 지적하고 시정을 요구하기 전에 다시 한번 생각해보고 가능하다면 지켜보는 자세가 필요합니다. 그러므로 자녀가 부모의 기준에서 벗어나도 생명에 지장이 없거나 극단적인 행동(폭력, 기물 파손, 불순한 행동 등)을 하지 않으면 가능한 한 판단을 보류하고 지켜본 다음 그 사유를 들어보고 판단할 수 있어야 합니다.

또한 부모의 지시를 완벽하게 소화한다 해도 복사판이 원판만 못하듯 자녀에게 만족할 수는 없을 것입니다. 특히 미래는 순종하고 모범적이며 말썽한번 안 부리고 성장한 자녀보다는 고집 세고, 집념이 강하고 카리스마가 있는 개성을 가진 자녀가 성공하는 시대가 될 가능성이 상당히 많습니다. 진정 자녀를 위하는 것이 무엇인지 정확하게 판단하고 자녀 교육에 임하는 것이 대단히 중요합니다. 말썽을 부리지 않는 자녀보다 말썽을 부려도 개성 있는 자녀로 성장시키는 것이 더욱 중요합니다.

자녀와 마음으로 교류하라!

인간관계의 기본은 커뮤니케이션으로 볼 수 있습니다

커뮤니케이션이 이루어지지 않으면 결코 원하는 성과를 거둘 수 없습니다. 하등 동물들도 커뮤니케이션이 이루어져 무리를 이루면서 집단을 구성하고 생존하는데 커뮤니케이션이 지대한 역할을 합니다.

이해가 첨예하게 대립하는 우리의 삶에서 커뮤니케이션은 절대적인 요소로 작용하며 파업, 분쟁, 모함, 형사 고발 등 개인 간의 분쟁, 나아가 국가 간의 분쟁이나 살상을 피할 수 없는 경우도 있지만 어쩌면 커뮤니케이션의 미비에서 발생하는 것이라고 할 수 있습니다. 성인도, 한 나라의 지도자도, 최고의 지성인도 커뮤니케이션에서 많은 문제를 야기시키고 있습니다.

자녀와 부모 사이는 어떨까요?

우등생 자녀를 둔 학부모와 열등생 자녀를 둔 학부모는 성적만큼이나

큰 차이를 보이고 있습니다. 성적 향상의 전제 조건으로 커뮤니케이션을 꼽는 것도 여기에 있습니다. 우등생 자녀를 두었거나 커뮤니케이션의 필요성을 인지한 학부모는 공부를 하라고 요구하기 전에 공부(특정 단원, 특정 부분)의 필요성과 성취에 대한 득실을 설명하고 최대한 이해를 구한 상태에서 접근합니다. 하지만 열등생을 둔 학부모는 무조건 공부하기를 강요하며 질보다 양에 우선합니다. 물론 자녀의 수준에 따라 생략해도 되는 경우가 있기는 하나 자녀의 상태는 무시하는 경향이 상당합니다.

과연 원하는 성과를 거둘 수 있을까요? 다소 시간이 소요되더라도 자녀의 학습 수준과 심적 상태를 정확히 파악하고 정신력을 고취시키는 데 주력하여 학부모와 자녀사이에서 마음의 교류(커뮤니케이션)가 이루어지면 원하는 예상치를 뛰어넘는 효과가 나옵니다. 학부모와 자녀 사이는 부모와 자식이라는 느낌보다 서로에게 고통을 안겨 주는 사이라고 느끼는 경우가 많습니다. 그러므로 자녀에게는 막연한 권위 의식보다는 인간적인 마음의 교류(커뮤니케이션)가 이루어져 서로를 이해하게 되면 한마음으로 목표를 향하여 매진할 수 있는 것입니다.

자녀와 커뮤니케이션을 어떻게 하는 것이 좋을까요?

❶ 부모는 적이 아니라는 인식을 심어주어야 한다

엄마도 너와 같은 학창 시절을 겪었고 실수와 과오도 있었으며 공부가 지겨워 방황할 때는 너보다 성적이 더 엉망이었던 경우가 있었다는 얘기를 해주어 동질감을 갖게합니다.

"나는 다른 누구보다도 너의 마음을 잘 이해한다. 공부에 시달리고 있는 너를 보면 가슴이 아프다."라는 말로 자녀에게 엄마는 적이 아니라는 인식을 심어 주려고 노력해야 합니다. 그로 인해 부모 자식 간의 수직 관계에 의한 강요가 아닌 이해(커뮤니케이션)가 하나하나 심어질 때 자녀는 부모를 이해하게 되고 긍정적이고 적극적으로 공부에 임하게 됩니다.

❷ 공부는 성실과 인내심을 길러 준다는 것을 설명하라

자신들만 매일 공부하면서 고통을 받고 어른들은 편안하게 쉰다고 생각하는 경우가 있습니다. 그래서 불평하게 되고 더 많은 싫증을 내게 되므로 생각을 바꾸어 주어야 합니다.

성적 우수자들은 공통적으로 인내심이 많고 목표 의식이 뚜렷하며 유혹에 잘 견디고 싫증을 잘 내지 않는 특징을 가지고 있습니다. 그 특징은 사회생활을 할 때도 필요하며 남보다 앞설 수 있는 기본 요소로 작용합니다. 그래서 실생활에서 사용하는 경우는 거의 없지만 성실과 인내를 요구하는 수학, 영어, 과학 등으로 단련시키며 확인하는 과정을 거치는 것입니다.

❸ 누구나 가능하다

자녀에게 아직 시간은 충분하므로 지금부터 시작해도 최선을 다해 노력하면 결코 늦지 않았다는 희망을 주어야 합니다. 단순히 시간만 중요한 것이 아니고, 자신이 어떤 방법으로 계획을 세워 공부해야 하는지 부모의 경험을 말해 주는 것도 자녀와 원만하게 지낼 수 있는 하나의 방법일 수 있습니다.

성적 스트레스가 자녀를 울게 한다?

부모에게 가장 소중한 것과 아이에게 가장 소중한 것?

부모와 자녀간에는 이심전심(以心傳心)이라는 말이 통해야 하는데 정말 같을까요? 아마도 평상시와 문제발생시 상황은 상당한 차이를 보이라고 생각됩니다. 진정 소중한 것은 옆에 있을 때는 모르지만 없어졌을 때, 다시 볼 수 없거나 예전의 상태로 돌릴 수 없을 때, 늦은 뒤에 소중함을 뼈저리게 느끼며 갈구한다고 합니다. 개인에 따라 차이는 있으나 소중한 보석이나 재물을 잃었을 때와 목숨처럼 소중한 자녀를 잃어버렸을 때는 상당한 차이를 보인다고 합니다. 흔히 자녀를 먼저 보내는 부모는 자식을 마음에 묻는다고 하듯이 자식은 부모에게 생명이나 다름없는 존재입니다.

그러나 평상시 자녀를 대하는 것은 불가사의에 가까울 정도로 다릅니다. 보석은 흠이라도 날까봐 소중하게 다루며 도둑 걱정에 깊숙이 숨겨놓으며 온갖 정성을 다하고 자녀는 생명처럼 소중함에도 불구하고 아무렇게나 다루는 듯한 느낌을 받습니다. 보이는 상태를 부정적으로 보면 학대도 서슴지 않으며 아무렇게나 다루는 듯한 생각이 들기도 합니다.

그런데 소중한 보석을 분실하거나 도둑을 맞았을 때와 자녀의 가출, 행방 불명, 유괴, 실종이 발생하면 진정 소중한 것이 무엇인지 알 수 있가 있습니다. 아이에게 문제가 있으면 통곡, 실신, 절규, 혼절, 애걸, 하소연 등 지상에 있는 모든 단어를 동원해도 표현이 불가능할 정도로 심각한 지경에 이릅니다. 심지어 일상을 접고 실종되었거나 가출한 자녀를 찾기 위해 십수 년 동안 전국을 헤매는 부모를 심심치 않게 볼 수 있습니다.

잃어버린 보석을 찾기 위해 자신의 인생을 접을 수 있을까요? 잃어버린 보석을 평생 가슴에 묻고 가슴앓이를 하며 시커멓게 탄 가슴을 부여안고 살아갈까요?

그러나 일상에서 생명처럼 소중한 자녀를 대하는 부모를 보면 흡사 원수를 대하는 듯한 느낌을 받습니다.

왜! 그럴까요? 어떤 이는 "아이 잘되라고, 자식 교육을 위해서, 나의 부모님도 그랬으니까?"라고 말하는데, 부모가 큰 뜻없이 하는 말과 행동 하나하나에 자녀는 심각한 상처를 입습니다. 아마도 부모의 심정은 자녀의 성적때문에 속상하고, 옆에 없을 때는 보고 싶고 궁금하지만 막상 옆에서 공부에 관심을 가지지 않고 TV나 게임에 열중하고 있으면 답답하고 속상한 마음 때문일 것입니다.

필자가 학부모와 상담을 통해 느낀 점은 대부분의 학부모가 하는 말은 첫마디가 "우리 아이 공부만 잘했으면 소원이 없겠어요. 머리는 좋은데, 하면 되는데 도무지 하려고 하지를 않네요!"라며 안타까워 하는 점입니다.

그런데 학부모는 과연 자녀의 공부 외에는 불만이 없을까요?

문제는 아이를 이해하기보다 부모 자신의 기준으로 판단하고 지도하려는 데서 문제가 발생한다는 생각에 안타까움을 느낄 때가 많습니다. 조금만 아이를 이해하려는 입장에서 보면 사랑하는 아이와의 관계도 돈독해지고 아이도 철이 빨리 들어 부모의 자녀 고민을 한결 덜 수 있을 것이라는 생각을 하곤 합니다. 부모님도 학창 시절에 비슷한 상황을 겪으면서 부모 원망도 꽤 했을 것인데 세월이 지나는 동안 망각해 버렸고, 사랑하는 아이의 미래가 걸려있기 때문에 방치할 수 없는 것입니다.

문제는 역효과의 가능성이 상당할 수 있다는 것입니다. 다음의 내용을 통해 자녀의 하루를 살펴보면 아이를 조금은 이해할 수 있지 않을까 하는 마음에서 중위권 성적의 영훈이의 하루를 살펴보겠습니다.

초 5~중 1학년의 중위권 예

【 아침 】

엄마는 아침식사 준비를 하면서 영훈(가명)이를 깨운다.

엄마　(주방에서 음식을 만들면서) 영훈아, 일어날 시간이야!

영훈　(대답이 없다. 2~3초 후 다시 불러도 대답이 없고)

엄마　(큰소리로) 영훈아 일어나라니까 (2초쯤 기다리다 더 큰소리로) 엄마 말 안 들려!

영훈　(모기만한 소리로) 엄마, 조그만 더 자면 안돼요!

엄마　안돼! 지금 일어나야 지각 안 해! 그러게 엄마가 뭐라고 했니. 일찍 자라고 했잖아. 빨리 일어나!

영훈　(들릴 듯 말 듯한 목소리로) 알았어요.

엄마　(요리에 열중하다 불현듯 생각나 영훈이를 부른다.) 영훈아

영훈이는 대답이 없거나 아직도 이불속에서 꼼지락 거린다.

엄마　(100데시벨 정도의 목소리로) 오늘도 엄마 속 썩일거야!! 빨리 일어나지 못해! 엄마, 지금 간다~야! 엄마가 가면 가만히 안 둬! (라며 협박성 발언을 한다.)

영훈　(마지못해 졸린 눈을 부비며 휘청거리며 쓰러질듯이 나온다.)

엄마　(비아냥거리는 목소리로) 우리 아들 이제 일어났어요? 잘한다. 잘해! (주춤거리며 멍하니 서있는 영훈이를 보며) 야! 빨리 양치하고 세수하지 뭐해!

영훈　(비틀거리며 화장실로 향한다.)

한동안 시간이 지나도 기척이 없자 이름을 부르거나 하던 일을 멈추고 화장실 문을 살짝 열어본다. 변기위에 앉아 졸고 있거나 칫솔을 입에 물고 있거나 비눗물이 목덜미에 남아 있는데도 다 씻었다고 나오려고 하면 불벼락이 떨어진다.

【 아침 먹기 전 큰 소동이 끝나고 밥상에 앉은 영훈 】

영훈이의 아침 식사하는 모습이 영 마음에 들지 않는다.

엄마　밥알을 세고 있니! 좀 맛있게 먹어! 아침잠도 못 자고 너 밥먹여 학교 보내려고 애쓰는 엄마를 생각해서라도 어서 먹어! 그리고 이건·유기농으로 농약을 안 친 시금치로 만든 나물이야 먹어봐! (시큰둥하면) 먹어보라니까? (라며 소리를 지른다.)

엄마의 잔소리에도 밥상에서 꾸벅꾸벅 졸면서 벌린 입을 다물지 못한다.

영훈	(몇 숟갈 먹는 둥 마는 둥 하다 수저를 놓으면서 비틀거리며 일어난다.)
엄마	더 먹지 왜 그만 먹어! 그래서 일찍 일어나라고 했지? 늦게 일어나니 밥 맛이 없지! 왜 그렇게 엄마 말을 안 들어! (라며 혼을 낸다.)
영훈	엄마에게 꾸중 들었는데 밥맛이 있어! 아침마다 매일이야!' (라고 중얼거린다.)

【 학교 가기 위해 현관문에서 인사를 하려고 하면 】

엄마	과제물 챙겼니! 숙제했니?
영훈	(빨리도 물어본다. '이제 어떡하라고!') 엄마, 돈 주세요.
엄마	미리 달라고 하지! (라고 혼을 낼라치면)
영훈	엄마, 나 지각해!
엄마	(돈을 주면서) 얘는 꼭 학교 갈 때 돈을 달라고 해. 어제 말해야 미리 준비하지 다음에는 주나 봐라!
영훈	쳇, 돈을 달라고 할 때는 오늘처럼 지금 달라고 해야 엄마 잔소리를 안 듣지. (수일 전을 생각하며 '지난번에 미리 달라고 해서 공부도 못 하는 것이 무슨 돈을 달라고' 하느냐며 잔소리를 얼마나 들었는데... 라고 속으로 생각한다.)

아침부터 엄마에게 스트레스 받고 꾸중을 한 바가지 들어 기분 나쁜 상태로 학교로 향하는데 발걸음이 가볍지 않은 것은 엄마의 잔소리로 배를 채웠기 때문이다. 과제물을 하지 못했을 경우는 더 마음이 무겁다.

아는 애를 만나도 공부 잘하는 아이면 모른척하고 무서운 선생님을 만나도 모른척하면서 지나친다. 복도에서 인사하는 친구가 많지 않고 선생님을 만나도 피하려고 노력하며 가끔 전학년 선생님이 머리를 쥐어박으며 '요즘도 공부 안하고 말썽만 부리니?' 라며 지나치면 기분이 별로 좋지 않다. 영훈이가 관심이 있는 혜진이는 공부를 못한다고 상대를 하려고 하지 않고 선생님 대부분이 무시하거나 의식조차 하지 않는다.

【 공부시간 】

강의를 시작한지 10분이 지났지만 무슨 강의를 하는지 이해도 잘 안되고 답답하며 하품만 나온다. 그러나 선생님에게 혼난다는 생각에 집중하려고 노력하지만 하품은 여전하다. 갑자기 멀리 떨어진 기준이에게 할 말이 있어 손짓을 하다가 혼나기도 하고 할 말을 쪽지로 쓰거나 문자를 보내다 걸려 체벌을 당하기도 한다.

선생님   들어! 들어보면 알 수 있어! 안 들으니 알 수 없잖아 (라며 꾸짖는다.)

영훈이는 또다시 스트레스를 받으며 6~7시간 강의를 듣는 동안 꾸중, 체벌 (과제물, 소란, 강의내용 이해 부재 등) 등으로 파김치가 되어 집에 오는데 배가 너무 고파 신경이 날카로운 상태이다.

영훈   (엄마를 보자마자) 엄마, 배고파!

엄마   엄마를 보면 먹을 것 밖에 안보이니! 엄마 얼굴에 먹을 것이라고 적혀 있니?? 공부나 잘하면 몰라. 공부도 못하면서…. (투덜거리면서) 빨리 학원에 가야지! 학원 숙제는 했어? (라며 추궁하듯 한다.)

영훈   (기분이 나빠) 알았어. 안 먹으면 될 것 아냐! (라며 가방을 들고 나가려고 한다.)

엄마   배고프다며? 먹고 가야지! 잠깐 기다려. 준비해야 주지! 엄마는 너 먹을 것을 만들어 놓고 기다린다니? (라며 볼멘소리를 한다.)

영훈   (짜증을 참으며 먹을 것이 나오기를 기다리는데...)

엄마   옜다! (라며 각설이에게 음식을 던지듯이 탁자에 놓는다.)

영훈   (빵을 덥석 한입 베어 문다.)

엄마   우유를 먼저 마시고 빵을 먹어야지. 체하잖아! (라며 간섭을 한다.)

| 영훈 | (빵을 입에 문 채로 우유를 마시는 둥 마는 둥 하면서 문으로 뛰쳐나간다.) |
| 엄마 | (영훈이의 뒤통수에 대고) 먹지도 않을 거면서 뭣하러 만들어 달래! (라며 소리 지른다.) |

【 학원복도에서 】

○○선생님이 보이면 영훈이는 과제물을 안했거나 나를 미워한다고 느껴 일부러 모른 척 피한다.

선생님	영훈아! 너, 과제물 해왔어! (라며 거짓말 하지 말라는 표정을 짓는다.)
영훈	네.
선생님	(믿을 수 없다는 표정을 짓거나 엉터리로 했을 것이라는 전제를 깔고) 알았어. 강의 시간에 꼭 확인할거야! (라며 일침을 놓는다.)

【 영훈이는 학교나 집보다 학원이 더 짜증스럽다 】

학교나 집에서는 꾸중을 할망정 체벌이나 과제물도 거의 없는데 학원에서 받는 스트레스는 돌아버릴 지경이다. 4시간 강의를 받을 생각과 과제물을 못해 혼날 것을 생각하니 짜증이 난다.

○○시간에 떠든다고 체벌당하고, ○○시간에는 과제물을 안했지만 부모님의 병간호 핑계를 대고 체벌은 면했으나 내일까지 해야 하고, ○○시간은 그럭저럭 지나가고 마지막 시간이 남았는데 정말 힘이 하나도 없다.

가까스로 끝나니 밤 10시. 하루 종일 머리가 맑은 시간이 별로 없다.
쉬는 시간에 친구와 장난하고 수다 떨 때 외에 말고는….

영훈 엄마 배고파 먹을 것 좀 주세요.

엄마 아빠에게 인사도 안하고, 씻지도 않고, 먹을 것 부터 달라고 하니! 아까는 제대로 먹지도 않더니 ! 애나 지 아버지나 나만 보면 먹을 것 달래! (라며 주방으로 향한다.)

영훈 (그 말을 듣고 먹을 마음이 싹 가신다.) 학교, 학원 숙제는 언제 하지? 졸리고 피곤한데... (간식을 먹는 둥 마는 둥 하고 눈을 부비며 과제물을 하기 위해 책상에 앉는다. 그리고 곧장 꾸벅꾸벅 졸기 시작한다.)

공부를 왜 해야 하는지, 누구를 위해 하는지도 모르고 공부를 만든 원흉을 원망하다가 지쳐버리는 아이들에게 사랑으로 대할 수는 없습니까?

세상에서 가장 사랑하는 목숨보다 소중한 자녀가 고통스러워 몸부림을 치면 대신 아팠으면 하는 부모의 마음을 다시 한번 가져주시기를 바랍니다.

공부에 대한 스트레스

❶ 가정이나 학교, 학원에서 학부모나 선생님에게 지속적으로 공부를 강요당하고 있다

❷ 주위 친인척과 비교당하며 겪는 비인간적 대우를 받고 있다

❸ 학교에서 6~7시간, 학원 및 과외 수업시 3~5시간 등 10시간 전후의 억지 공부를 하고 있다

❹ 매일 10여 시간을 자기 수준에 안맞아 이해를 못하는 어려운 강의로 인

해 짜증과 스트레스에 시달리고 그 지루함에 하품했다가 혼나는 등 육체
적, 정신적 고통을 겪고 있다

❺ 공부 못한다는 미명 아래 학부모, 선생님, 친·인척, 심지어 친구들에게
까지 무시당하고 있다(멍청하다고, 바보 같다고 등)

❻ 열등감으로 매사에 자신감을 잃어버려 의욕을 상실한 채 홀로 외진 곳에
서 울고 있다

이 책을 읽고 계시는 학부모님들은 지금 누가 더 고통을 받고 있는지
곰곰이 생각해 보시기 바랍니다. 수업 자세는 물론 생리 작용인 하품도
마음 놓고 하지 못하는 학교나 학원 생활, 가정에서는 TV 시청, 컴퓨터
게임 등 주위 눈치를 보아야 하는 현실이 자녀의 스트레스를 극에 달하게
한다는 사실을 말입니다.

그리고 여기서 자녀를 그렇게 만든 원인과 대책을 찾기 위해 진지한 고
심을 하여야 합니다. 어떤 분들은 자녀 성적의 문제를 선천적이라고 포기
하는 경우도 있으나 지능의 문제가 아니라는 사실이 속속 입증되고 있습
니다. 수년전 ○○청소년 연구원에서 초중고 각 남여 500명을 대상으로
자살충동에 대해 살문 조사를 한 결과 전체의 46.7%가 한두 번 자살 충동
을 느꼈다고 합니다.

얼마나 스트레스를 받고 힘들었으면 그랬을까요? 사면초가에 빠진 사
랑하는 자녀! 잠시도 숨 돌릴 틈도 없이 몰아붙이는 현실!

국경일, 주말 등에 TV도 마음 놓고 시청하지 못하고 부모님 눈치를 보
아야 하니 TV를 시청하면서도 스트레스를 받습니다. 부모님은 자신이 잠

시도 쉬는 꼴을 보지 못한다고 생각하며 힘들어 합니다. 공부는 어쩔 수 없다 하더라도 부모의 사랑하는 마음을 표현하는 것이 무엇보다도 중요합니다. 힘들고 지친 아이에게 상처를 어루만져 주고 위로해 줄때 자녀는 마음이 편안해져 학습 의욕을 가지게 됩니다. 중요한 것은 공부는 자녀가 하는 것이며 성과는 적극성을 보이고 맞춤 학습을 할 때 가능하다는 것을 명심해야 합니다.

자녀와의 관계

　인간관계에서 커뮤니케이션이 중요한 것은 의사소통에 문제가 없다는 것입니다. 의사소통에 문제가 없다는 것은 불협화음의 소지가 차단되는 것으로 목적 달성이 무난함을 의미합니다. 사실 인간관계에서 문제 발생의 대부분은 커뮤니케이션에 문제가 있는 경우가 상당합니다. 문제는 이에 대해 인식하지 못하는 것이 대부분인데 특히 자녀와는 더욱 심해져서 역 커뮤니케이션이 이루어지고 있는 것이 현실입니다.

　이 책을 읽고 계시는 학부모님은 자녀를 진정으로 사랑하십니까?
그런데도 자녀의 행동이 이해가 되지 않습니까?

　지금부터 원인과 대안을 제시하고자 합니다. 다음은 부모와 자녀 사이의 커뮤니케이션 상태를 알아보기 위한 자료입니다. 평소처럼 하는 말이나 행동을 생각하면서 주어진 질문에 답을 해보기 바랍니다.

▶ 부모와 자녀 사이의 커뮤니케이션

❶ 아침에 늦게 일어나면

A	B
아침마다 일어나지 못하는 것을 보면 공부하는 것이 힘들긴 힘든가 보지 좀 더 자게 두어야 하나? 지금 일어나야 하는데…. 공부를 누가 만들어서 애를 힘들게 하는지.	아침에 깨우는 것도 지긋지긋해! 한 번도 속을 뒤집지 않은 적이 없어! 누구를 닮아 잠이 많은 건지. 나는 어려서 그렇지 않았는데! 한심해. (목청을 높이며) 야! 빨리 일어나지 못해! 내가 가면 가만 안 둘 거야!

❷ 용돈 등 자신의 몫을 유난히 챙기면

A	B
공부는 웬만하지 못해도 욕심은 있어! 그래도 다행이야. 욕심마저 없으면 더 큰 문제지!	꼭 아침에 돈을 달래. 미리 달라고 하지! 아침부터 재수없이…. 공부도 못하는 주제에 용돈은 무슨 용돈! 나 같으면 용돈 달라는 말 미안해서도 못하겠다. 무슨 빚쟁이 같아. 왜 이렇게 당연하게 요구하는지 원, 기가 막혀서.

❸ 자녀가 학교에서 돌아올 때 힘들어 보이면

A	B
요즘 아이들 공부하느라 힘들겠어! 우리 때는 저렇게는 안했던것 같은데... 힘들어서 어떻게 해!	(짜증을 듬뿍 담아) 항상 힘든 표정이야! 학교 갔다 올 때 한 번도 웃는 표정을 지을 때가 없어! 공부는 저만 하나!

❹ 게임이나 TV에 몰두하면

A	B
그래! 애도 스트레스 풀 때는 있어야지! 공부라는 것이 마음먹은 대로 되나 어디! 잔소리 하지 말고 그냥 두고 보자! 공부가 웬수지 웬수. 아이가 무슨 죄가 있어!	아! 왜 그러는지 몰라 공부하고는 담을 쌓았어! 공부하라고 하면 죽상을 하다가도 게임이나 TV 시청을 하면 얼굴에 빛이 나니. 공부를 저렇게 사생결단을 하듯 하면 얼마나 좋을까? 우리 애는 애당초 공부는 틀려 먹었어!

❺ 개교기념일, 국경일 등으로 늦잠을 자면

A	B
그래 오랜만에 피로 좀 풀어라! 잠시도 쉬지 못했는데…. 우리는 저렇게 까지는 안했는데.	또 게으름 피우는 것이 살판났어! 쉬는 날 뒤떨어진 과목 보충을 해야 하는데 게으름만 피우고 있네! 언제 철이 들지! 쉬는 날이 없었으면 좋겠어. 그래야 이꼴저꼴 안보지!

⑥ 시험 성적이 좋지 않으면

A	B
어쩔 수 없지, 뭐. 공부가 노력한다고 하루아침에 좋아지나! 공부도 팔자에 있어야 한다더라! 나름대로 했는데…. 다음에 잘해. 알았지?	그럴 줄 알았어! 엄마가 열심히 하라고 했지! 공부하라는 말을 콧등으로도 듣지 않더니 잘 됐다. 네가 언제 한번이라도 성적이 좋은 적 있니? 니가 죽든 살던 난 몰라. 네가 알아서 해! 이제 엄마도 지쳤다 지쳤어!

⑦ 핸드폰을 사달라고 조르면

A	B
그래, 요즈음 없는 아이들이 없다더라! 학생들에게 뭐가 필요한지 모르지만 없으면 왕따 당한다는데… 공부도 못하는데 왕따까지 당하면 안 되지. 알았어!	꼴값을 떨어요! 공부도 못하면서 남이 하는 것은 다 하고 싶대. 철없는 아이지만 그래도 염치는 있어야지! 돈이 썩어나도 못해줘! 안 해줘! 공부나 잘하고 해달라고 그래.

⑧ 동생과 게임기, TV 채널로 다투면

A	B
○○야 오빠(언니, 동생)에게 양보해! 오빠니까? 오빠가 보고 싶은거 보게. 동생인 네가 양보하는 거야.	공부는 못하면서 TV는 보고 싶어? 빨리 들어가서 공부 좀 해라! 엄마가 시키는 대로 좀 해! 공부도 못하면서 왜 이렇게 말을 안 듣는 거야! (입술을 지그시 깨물며) 동생에게 양보하라고 했어? (라며 협박을 한다.)

⑨ 생일날 친구를 초청한다고 할 때

A	B
그래, 우리 ○○생일이지 친구 초청한다고! 그래, 엄마가 우리 ○○를 위해 모처럼 요리 솜씨를 발휘할게. 그래 몇 명 데려올 수 있어? (등을 두드리거나, 엉덩이를 살짝 치며) 사랑하는 우리 ○○ 생일 축하해!	생일날 친구를 초청하고 싶다고? 그냥 대충 넘어가면 안 되니! 엄마도 피곤해. 그리고 공부 잘하는 친구들은 없지? 네가 공부를 잘해야 공부 잘하는 아이와 친구가 될 수 있지? 엄마가 어릴 때는 생일잔치 한 번 못했어도 공부만 잘했다. 돈 줄테니까, 네가 알아서 해!

⑩ 아이가 힘들어 꾀병으로 휴강을 하려고 할 때

A	B
(머리를 한참 짚어본 후 미열이 없어도) 그래, 쉬어라! 학원 선생님께 내가 전화 해 줄까? 아플 때도 되었지! 엄살같은데 모른 척 하지 뭐! 나도 힘들 때 엄살을 부렸지만 그 다음날 오히려 열심히 했어! 아이가 힘들기는 하나보다 좀처럼 엄살을 부릴 아이가 아닌데….	왜 또 아프대? 안 그래도 골치 아파 죽겠구만…. 너도 거드는 거야. 안 돼! 학원가서 공부 해! 누가 엄살이라고 했어! 공부란 참고 해야 하는 거야. 네가 그러니까 공부를 못하는 거야! 참을 줄 알아야지. 공부를 하고 싶어 하는 사람이 어디 있어?(라며 몰아친다.)

　위의 설문내용 10개 항목 중 3개 이상의 답이 B에 해당한다면 부모님 중심으로 아이를 판단하고 제제를 가하고 있다고 볼 수 있고 자녀와의 거리는 점점 멀어져 머지않아 돌이킬 수 없는 지경에 이를 수 있습니다. 그러므로 역지사지(易地思之_상대방의 처지나 입장에서 먼저 생각해보고 이해하라는 뜻)의 지혜가 필요합니다. 아이의 입장을 최대한 감안해 생각하고 행동할 때 커뮤니케이션이 이루어지기 시작해져서 자녀와의 관계가 돈독해 질 수 있습니다.

인간관계는 얼굴 표정과 말투에 의해 결정된다

내가 말을 거칠게 하면 상대방도 말을 거칠게 하고, 내가 말을 곱게 하면 상대방도 곱게 합니다.

커뮤니케이션은 상대방을 이해하려는 노력부터 시작된다고 합니다. 아이와 부모와의 문제는 역 커뮤니케이션에서 발생하는데, 필자는 학부모 세미나에서 아이와 좋은 관계를 유지하려면 학습 지도를 하지 말라고 강조합니다. 정답을 도출하는 것은 누구나 할 수 있고 문제집에도 있지만 학습 지도(이해)를 하는 것은 전문가 영역이기 때문입니다. 그리고 아이와 부모와의 관계가 무너지는 것도 가정에서 비전문가인 부모가 자녀를 이해시키기보다 정답 위주의 지도를 하는 과정에서 발생하기도 합니다.

공부한 내용을 자녀가 이해 못한다고 화를 낸다는 것은

❖ 나의 무능함을 보이는 것이다

❖ 아이를 이해시키는 것을 포기하는 것이다

❖ 아이를 제대로 파악하지 않았다는 것이다

❖ 학습 준비를 충분히 하지 않았다는 증거

❖ 자신도 컨트롤 할 수 없다는 것이다

❖ 실력으로 상대방을 이해시킬 수 없다는 것을 의미한다

❖ 아이와 감정의 씨앗을 만드는 전초과정이다

❖ 설명하는 방법이 한가지 밖에 없다는 것이다

❖ 아이에게 존경심을 잃는 것이다

❖ 공부의 ABC도 모른다는 것을 스스로 입증하는 것을 의미한다

❖ 전문가가 아니라 오히려 해를 입힌다는 것을 증명하는 것이다

이해를 시키려면 상대방과 동일한 수준에서 학습이 이루어져야 가능한데, 가정 학습의 가장 큰 문제는 반복 설명해도 자녀가 이해를 못 한다고 답답해 하면서 화를 내는데 있습니다. 수차례 열심히 설명해 줬는데도 자녀가 이해하지 못하고 어리둥절해 하거나 한눈팔고 성의를 보이지 않을 때 불같이 화를 내는 학부모가 많이 있습니다. 자녀가 부모를 화나게 하려고 고의적으로 그렇게 행동하는 것이 아니라는 것을 알 텐데…. 화를 내면 그날 학습은 '쫑' 입니다. 화를 낼수록 자녀는 공포에 질리며 머리가 하얗게 변해 이해력은 제로(0) 상태로 변하면서 학부모와 자녀의 관계는 점점 멀어지고 급기야 파국으로 치달을 수 있습니다.

자녀가 학습에 흥미를 갖지 못하는 이유

❶ 타의에 의한 수강

학부모의 강요에 의해 학습하는 경우가 압도적으로 많습니다. 학습 자체가 자신을 괴롭힌다고 생각하므로 지도하는 부모님도 자신을 괴롭히는 존재로 여기므로 부모님에 대해 긍정적일 수 없으며 무조건 벗어날 기회만을 호시탐탐 노리는 것입니다.

❷ 기초 부족

기초가 부족해서 설명을 도저히 이해하지 못하는 경우가 많습니다. 영어는 지난 과정의 단어나 숙어를 제대로 암기하지 못하면 현재 과정을 원만히 이해할 수 없고, 수학도 기초 도형이나 공식을 이해하지 못하면 현재의 도형을 풀 수가 없는 것이 학습의 원리이며 이외의 다른 과목도 별반 다를 것이 없습니다.

❸ 이해력 부족

이해가 부족하면 조금만 응용해도 생소한 문제라고 생각하여 단념합니다.

❹ 고의성 반발

주위의 모든 사람들을 이유없이 적대시하고 전혀 의욕을 보이지 않으며, 학부모를 골탕 먹이는 것으로 위안삼기도 합니다. 예를 들면 질문에 대답도 잘 안하고 알고 있는데도 모르는 척하는 행동이 이에 속합니다.

❺ 지도하는 부모 입장

자녀와 충돌시 극심한 스트레스에 시달릴 수도 있고 의욕만큼 자녀가 따라와 주지 못하기 때문에 부모도 스트레스를 받을 수 있습니다.

❻ 자녀가 의욕이 없고 적극성을 띠지 않아 화가 난다

부모의 입장에서 보면 당연할 수 있습니다. 그러나 자녀의 입장에서 무엇이 문제인지를 생각해 보아야 합니다. 부모가 좀 더 자녀의 입장에서 생각해 보면, 아니 자신의 학창 시절을 생각해 보면 이해할 수 있을 것입니다.

❼ 설명을 들으면 충분히 알 수 있는 문제를 듣지 않고 장난하기 때문에 모른다

기초가 부족해서 이해를 하지 못하거나 약한 부분을 파악하고 시원하게 이해시킬 때(학교, 학원 선생님 보다 실력이 좋다고 생각할 때) 존경과 함께 적극성을 띠게 됩니다.

❽ 자신을 놀리는 것 같다

분명히 능력은 있는데 또는 지난번에는 알고 있었는데 틀리는 것은 고의로 학부모를 골탕 먹이려는 것이 아니냐며 자녀를 종종 다그칩니다. 공식과 풀이 과정을 잊어버릴 수도 있고 그 당시에는 암기, 커닝, 찍은 답이 우연히 맞은 문제에 대해 완전히 이해한 것으로 오인하였을 수도 있습니다. 부모는 화내기 전에 자녀의 문제점을 제대로 파악하는 것이 중요합니다.

❾ 수차례 설명해도 모른다

같은 문제를 수차례 설명해도 이해하지 못할 경우, 자신의 설명 과정에 문제가 있을 수 있다는 생각은 하지 않고, 눈만 멀뚱하게 뜨고 자신을 바라보거나 허공을 주시하는 자녀를 보면 갑자기 스트레스를 극도로 받아 언성을 높이거나 폭언을 하기도 하며 심하면 감정적 체벌까지 하게됩니다. 자녀의 학습 기초 부족으로 발생하는 것인데, 학부모는 감정을 자제하고 이해하지 못하는 문제를 자녀의 수준에 맞춰 자세히 설명해 주어야 합니다.

부모가 자녀를 대할 때 가져야 할 마음가짐

❶ 환자라고 생각하라

자가 치료가 불가능하여 입원한 환자라고 생각하면 어떨까요? 자신이 그 환자를 맡은 전문의로 생각하면 마음이 편할 것입니다.

❷ 장애인이라고 생각하라

육안으로 확인할 수는 없지만 공부에 대한 심각한 장애인이라고 생각하면 어떨까요?

"인내심을 가지고 임하자, 정상인으로 될 수 있는 방법을 나는 알고 있으니 지금보다 좀더 용기를 내자, 예전에 너보다 더한 장애인도 정상인으로 만들었으니 너는 틀림없이 성공할 거다"라는 넉넉한 마음을 갖고 자녀를 대해야 합니다.

❸ 논문을 쓰기 위하여 연구하는 대상이라고 생각하라

학위 논문을 쓰기 위한 연구 대상이라고 생각하면 어떨까요? 또는 "나의 능력을 실험하려고 일부러 많은 문제를 일으키는 것 일거야! 네가 이해를 못하는 것은 내 설명에 문제가 있으므로 절대로 네 탓은 하지 않겠다" 자녀는 나의 능력을 한 단계 높여 줄 연구 대상이다라고 생각하는 것입니다.

❹ 나의 인내심을 테스트 한다고 생각한다

아이를 지도하다보면 속이 터지다 못해 손이 몇 번은 오르락내리락 합니다. 내용을 충분히 알 수 있도록 수십번 설명해서 암기라도 할 상태인데 여전히 모르겠다는 표정으로 빤히 주시하거나 엄마가 왜 화를 내는지 알 수 없다는 표정을 짓습니다. 그때 화를 내지 않으려면 '이 아이는 내가 언제까지 화를 내지 않고 참는지 확인하려고 하고 있어! 나의 인내심 테스트를 하는데 내가 속을 까봐! 어림 없어' 라고 생각하면 화를 억제할 수 있습니다.

결국 화를 내서 얻는 것은 하나도 없기 때문입니다.

부모님을
존경하게 하라!

16

부모님의 권위를 지켜야 합니다

상담시 학부모의 가장 큰 요구는 "우리 아이는 다른 것은 불만이 없는데 공부를 못해서 큰일이에요! 이제 집에서 가르칠 수도 없고, 공부하라고만 하면 화를 내고 짜증을 내요! 잘 좀 부탁합니다"라고 부탁겸 하소연을 합니다.

사춘기 자녀를 둔 부모가 흔히 겪는 어려움입니다. 공부전쟁에서 아이에게 밀리고 있다는 것인데 그렇다고 아이가 승리하고 있다는 의미도 아닙니다.

문제는 아이가 가정을 편안하게 생각하지 않는다는데 문제가 있으며, 그것은 또한 친구들과 밖에서(게임방 등) 시간을 보낸다고 의미할 수도 있으며 앞으로 문제를 심각하게 만들 수도 있기 때문입니다.

그러나 우등생의 아이를 둔 부모님의 가정은 상당히 다른 양상을 띠게 됩니다. 부모와 아이간에는 정감어린 대화와 다정다감한 눈빛을 교환하며 아이는 가정이 엄마의 품처럼 평온함에 젖어 집에만 있어도 학교, 학원에서 받은 그동안의 스트레스를 말끔히 씻어냅니다. 지금 여러분의 가정을 한번 생각해 보십시오.

부모의 권위가 실추되면 왜 문제가 되는가?

부모가 아이에게 권위를 잃었다는 것은 아이가 부모를 자신보다 낮게 생각한다는 것을 의미합니다. 하늘보다 높고 자신의 소원을 다 들어 줄수 있고, 괴롭히는 친구를 혼내주던 부모님. 못하는 것이 없어 전지전능하다고 생각했던 부모님이 왜 아이가 무시하게 되어 통제력을 상실하게 되었을까요?

그 원인을 알아봅시다.

❶ 성장 1단계 : 초등학교 입학 전

부모님은 그야말로 전지전능하다고 생각하는 것은 자신보다 힘도 세고 화를 내면 무섭지만 사랑해 주고 요구하는 것은 100% 들어주기 때문입니다(지나친 과보호시 1단계부터 부모의 권위는 상실됨.).

❷ 성장 2단계 : 초등 1~3학년

지나친 과보호가 아닐 경우 전지전능이 이어지면서도 존경하는 마음을 견지하게 되는데 학습 과정에서 설명을 할 때 이해를 시키지 못해 진땀을 빼기도 합니다(물론 지나친 과보호를 할 경우 자녀의 하녀로 전락하기도 하며 이때부터 부모의 권위가 손상되게 됨.).

❸ 성장 3단계 : 초등 4~6학년

본격적으로 부모의 권위가 상실되는 시기로 완벽한 부모님이라는 생각에 불만이 있어도 부모님의 말씀은 무조건 맞다는 생각으로 참고 또 참았는데 어느 때부터인지 부모님도 모르는 것이 있다는 생각을 하게 되면서 부터입니다.

빠른 이해를 위한 실제 상담 사례 과정

【 12월 중순 어느 날 오후 3시경 】

필자에게 "우리 아이가 어렸을 때는 엄마 말을 잘 들었는데, 이제 컸다고 좀처럼 지시를 듣지 않고, 꾸짖으면 '엄마가 뭘 알아?' 라며 오히려 반항해요. 성적도 엉망인데 어떻게 하면 좋겠습니까? 공부는 못해도 예전의 착한 아이로 돌아 왔으면 좋겠습니다."하는 말씀에 그럼 질문을 드릴테니 솔직히 응한다는 조건 아래 상담을 시작하게 되었습니다.

필자   언제부터 아이가 변했다고 생각하십니까?

부모   초등 6학년 때부터인 것 같아요.

필자   그러면 부모님 자녀의 학습 지도는 어떻게 했나요?

부모   5학년 1학기까지는 제가 가르쳤고 말도 잘 들었거든요. 그런데 5학년 2학기 때 트러블이 있었으나 큰 문제는 아니었고 6학년이 되면서 심해져 결국 내가 가르치는 것을 포기하게 되었어요.

필자   왜! 자녀가 부모를 무시하고 말을 안 듣는지 아십니까?

부모   네?? 이유가 있나요.

필자   그럼요. 명확한 이유가 있습니다.

부모　(눈을 동그랗게 뜨며) 선생님, 말씀해 주세요.

필자　자녀가 부모님을 무시하고 반항하는 이유 중 가장 큰 이유는 자녀를 지도하면서 자녀에게 직접 답을 요구했기 때문입니다.

부모　대부분 그렇게 가르치지 않나요? 내가 아는 ○○엄마도 그렇게 지도하는데….

필자　그러면 친구 학부모는 자녀에게 존경받나요?

부모　아니요. 그녀석도 자기 엄마에게 반항하고 대들고 그래요. 우리 아이처럼.

필자　그에 대한 원인을 말씀드리겠습니다. 자녀를 지도할 때 초기에는 원하는 정답을 제시할 수 있어서 문제가 없었지요. 부모님은 전지전능함을 유지할 수 있었지만 초등 3~4학년이 되면서 문제가 되는 것은 학습 과정이 부모님 시절과 너무 다르고 설명하는 방법도 달라 아이는 답만으로는 헷갈리고 이해는 잘 안됩니다. 그래서 재질문하기를 반복하면 부모는 자녀를 윽박지르듯 쓸데없는 소리 하지 말고 정답만 알고 있으면 된다는 식으로 마무리를 하려고 합니다.

그러는 과정에서 부모님의 전지전능과 지도에 의문을 가지게 되고, 급기야 오답을 제시하게 되는 과정을 반복하면 부모님의 약점을 파악하여 '우리 엄마가 나보다 못하는 것도 있다'라는 생각에 이의를 자주 제기하고 나아가 그동안 부모님의 가짜 전지전능에 속은 것을 보상이라도 받으려는 듯 격렬히 반항하며 '엄마는 그것도 몰래!'라는 용어도 서슴지 않고 쓰게 되며 급기야 자녀와의 공부전쟁이 시작되는 것입니다.

부모　그러면 어떻게 해야 하나요?

필자　자녀에게 답을 제시하는 지도는 하지 말고 공부 환경만 조성해

주셔야 합니다.

부모 이해가 안가요!

필자 부모님은 자녀가 의문나는 내용을 학교, 학원(사교육)에서 물어보게 하는데, 틀린 답이 있다면 답 위주의 정답(항시 설명이 부족하죠)을 제시해 자녀에게 부모에 대한 신비감을 감하기보다 학교, 학원을 최대한 이용하게 하는데 있습니다. 즉, 학교 선생님이나 강사에게 모르는 문제를 물어 이해시키도록 요청을 합니다. 그러면 자세한 설명으로 이해가 빠르고, 자녀의 문제에 대한 궁금증이 해결되고, 부모도 자녀에게 권위를 유지할 수 있게 됩니다.

자녀가 과제 등을 위해 빠른 답을 요구할 때

아무리 쉽고 완벽히 이해를 시킬 수 있다고 해도 사전, 백과사전, 인터넷 등을 이용하게 하거나 학교, 학원선생님에게 지도를 받게 합니다. 자녀가 부모에게 의문을 제기하면 "엄마도 답은 말해줄 수 있지만 엄마는 20여년 전에 배웠고 또한 설명하는 방법이 달라 네가 헷갈릴 수가 있어서 그래!"라고 답변합니다. 그래도 의심스러운 눈초리를 보이면 그때 답을 제시하고 정답과 비교해 부모의 능력을 보여줍니다.

위와 같을 경우 의문이 있으면 참고서, 사전, 백과사전, 인터넷 등과 선생님, 친구 등을 통해 의문을 해결하게 되어 부모님의 존경심도 유지되고 본인이 답을 도출하기 위해 노력하는 과정에서 사고력도 증대됩니다. 중요한 것은 부모님이 방법을 제시하되 직접 답을 주지 않아야 한다는 것입니다.

가정이
쉼터가 되어야 한다!

>>> **17**

아이의 마음을 편하게 하라

자녀에게 가정의 편안함을 느끼게 해줄 것

❶ 공부하라는 소리를 하지 않는다

공부하라는 말을 하지 않는다면 좋겠지만 현실적으로 불가능하다고 하는데 딱히 불가능한 것만은 아닙니다. 그것은 생활 계획표를 세우고 그에 따라 실천하게 하는 것입니다. 예컨대 8시에 과제물을 할 시간이라면 7시 50분경 "사랑하는 ○○야! 8시부터 무엇하는 시간이니?"라고 질문해 자기일을 상기시켜 줍니다. 효과가 없을 것 같아도 공부하라는 말을 하지 않아 양자가 스트레스를 적게 받는 등 상당한 효과가 있습니다.

❷ 자녀를 애완용으로 생각하지 않는다

자녀를 부모의 기준에 맞추려고 하지 않아야 합니다. 현재의 주위 환경과 미래가 부모님 세대와 너무 차이가 나기 때문에 부모님을 닮기를 바란다면 부모님의 삶을 능가하기는 어렵습니다.

❸ 자녀에게 친구의 감정도 가끔 느끼게 한다

자녀에게 수직으로 지시를 일관하기보다 동질감(성적, 짜증, 음식, 의복, 취미 등)을 느끼게 할 때 인간애가 생기게 됩니다.

저학년의 경우 일상생활 중 학습에 도움되는 대화

예컨대 고향가는 길에 차가 막혔을 때 앞차 번호를 이용해 4칙 덧셈, 뺄셈, 나눗셈, 곱셈을 게임식으로 유도하고 언어 능력 향상을 위해 도로변 상호를 이용해 어휘력, 영어 공부를 유도해 보는 것도 친밀감과 함께 학습 효과도 있습니다.

또한 사고력과 계산력 그리고 성취감을 느끼게 하기 위해서 심부름을 시키는데 ABC의 유형의 부모의 예를 들어 보겠습니다.

❶ A형 부모

성진아, 심부름 좀 해! 수퍼에 엄마가 말해 놨어. 네가 가면 ○○라면 4개 줄거야 . 다른 라면 가져오면 안돼! 그냥 아줌마가 주는 것 받아만 오면 돼!(판단력, 사고력, 대처 능력 등 모두 차단한다. 혹은 심부름시키다 사고날까봐 아예 시키지도 않는다.)

❷ B형 부모

성진아, 슈퍼에 가서 ○○라면 4개만 사와. 돈 여기 있어! 형들이 돈

빼앗을지 몰라. 돈 안보이게 가져가. 알았지? (라면 가격에 꼭 맞게 돈을
준다. 돈 관리에 대한 주의력을 심어 준다.) 차 조심하고 파란불에 건너야해!

❸ C형 부모

부모 : (돈 10,000원을 주면서) 성진아, 가서 라면 4개만 사와라!

성진 : 엄마, 왜 이렇게 돈을 많이 줘!

부모 : 잔돈이 없어! (있지만 고의로) 돈이 그것밖에 없어. 돈, 형들이 못
　　　보게 숨겨가지고 가!

성진 : 무슨 라면 사와? 알아서 사오라고? 알았어요!

*수퍼에 가면서 고민하기 시작한다. 무슨 라면을 사지? '꼭 내가 알아서 사
오래'라며 수퍼에서 라면을 고르는데 너무 많아 여러 가지를 보는데 색상,
무게, 회사, 그림, 가격 등을 보며 '이건 왜 비싼거야?' 라며 나름대로 골
라 가격을 계산하고 거스름 돈을 받아 집에 올 때 발걸음도 힘차다.*

성진이는 심부름을 통해 사고력, 수리력, 어휘력, 주의력(라면 이름),
성취감(계산 등이 맞고 칭찬시)을 느끼게 되어 생활 속에서 공부를 하게
됩니다.

자녀에게 해야 할 일들

❶ 생활 계획표를 세운다

하나하나 간섭하고 지시하기보다 생활 계획표를 세워 실천하도록
유도합니다.

❷ 자녀의 능력을 파악하고 자그마한 결과도 칭찬으로 도배한다

잘했을 때는 자신감과 성취감 의욕을 느끼게 하기 위해 칭찬하고 잘
못했을 경우 문제점과 대안을 제시하고 교정하도록 합니다.

❸ **자녀에게도 공사(公私)를 가린다**

자녀가 잘했을 때는 상을 주고 잘못했을 때는 벌을 주는데 아이가 떼를 쓰면 원칙에 어긋나는 행동을 하지 않아야 합니다. 즉, 공사(公私)를 분명히 해야 예외를 생각하지 않아 교육에 유리합니다.

❹ **자녀에게 말을 가려한다**

자녀에게 인격이 있다는 것을 생각하고 꾸중이나 언쟁을 하더라도 용어를 선택해 사용할 때 비로써 부모의 권위도 지켜집니다. 특히 자녀의 외모, 습관, 공부, 식습관 등을 약점으로 공격하는 것은 문제가 됩니다.

❺ **자녀는 부모작품이라는 것을 명심한다**

자녀는 결국 부모님의 작품이라는 것을 잊지 말아야 하며 외모, 습관, 공부, 식습관 등 문제가 있다면 오히려 자녀에게 미안한 마음을 가져야 합니다. '현재와 같은 너를 만들어서 미안하고 교육 제대로 시키지 못해 미안해!' 라고 생각해야 합니다.

18. 우리 아이의 성적 향상 가능성은?

부모님! 노력하는 만큼 아이의 성적이 향상 됩니까?

현재 상태라면 아이의 성적이 향상되리라고 확신하십니까? 이번 주제에서는 이러한 것을 궁금해 하시는 분들에게 답을 드리려고 합니다.

공부하는 아이를 둔 부모라면 누구나 아이의 성적 향상에 불안감을 느끼며 가능성에 대한 희망으로 직접 지도하거나 학교 및 사교육 기관의 도움을 요청합니다. 그러나 원하는 만큼 성적이 향상되기보다 실망을 하는 경우가 상당한데 원하는 성적 향상이 되지 않으면 금전적인 손실을 연상하게 되며, 돈보다 소중한 시간과 마음에 상처를 입게 되고 나아가 아이의 미래에도 결정적인 영향을 미치게 됩니다.

아이의 성적이 향상될 수 있는지 부모님이 예측해 볼 수 있는 방법을 제시합니다.

아이의 성적 향상 가능성은 이렇게 파악한다

필자는 오래전부터 공부를 「아하! 공부」와 「들러리 공부」로 구분하고 있습니다.

❶ 아하! 공부란?

아하! 공부는 공부를 할 때 예습 또는 지난 시험에서 틀린 문제 등을 통해 재설명을 듣는 등 공부를 했으나 이해를 못해 답답하고 궁금해서 스트레스를 받았던 부분이 설명이나 힌트로 완전히 이해되었을 때를 말합니다.

그 답답한 마음이 해소되면서 자신도 모르게 '아하! 예! 오~ 예! 아! 그랬구나. 내가 그 생각을 왜 못했지, 난 바보인가 봐!' 라며 자신도 모르게 감탄사를 연발하면서 탄성을 자아내는 상태를 의미합니다.

❷ 들러리 공부란?

학습 내용이 대부분 이해되지 않는 상태에서 설명도 잘 이해되지 않아 시간만 때우는 것을 의미하며, 학습 시간에 비례해 성적 향상은 안되고(학원의 경우 빈자리를 채우는 역할) 답답한 학습 상태만을 이어가는 것을 들러리 학습을 했다고 합니다.

공부는 하는데 좀처럼 성적이 향상되지 않거나 계속 하락하는 그룹이 이에 속합니다. 다소 지역에 따라 차이는 있으나 대부분 50~70%(30명 정원기준 15~20명 전후) 정도가 이에 해당합니다.

❸ 아하! 학습

이해를 동반한 아하! 학습을 위해서 갖추어야 할 요소는 맞춤 학습 프로그램입니다.

지금까지 들러리(벽돌식, 상위권 위주) 학습에 답답했으나 설명을 완전히 이해하면서 '아하! 그랬구나', '아! 맞아!' 라고 생각할 때 새로운 내용을 아는 즐거움을 느끼게 되면서 공부(학원 수강)에 흥미를 가지기 시작합니다.

아이를 위해서 선행되어야 할 것은 공부를 하고 성적을 향상시키는 것이 아니라는 사실을 인지하고 자녀가 흥미 있어 해야 하고 학습이 재미있어야 한다는 것입니다.

아하! 강의를 위해 필요한 요소

❶ 맞춤학습

일반적인 상위권 학습이 아닌 자녀의 성적 수준에 알맞은 학습 프로그램을 적용시키는 것을 의미합니다.

❷ 예습

학습할 내용의 윤곽 파악, 질문할 내용 파악 등을 위한 예비 학습으로 이해를 위한 필수 요소인 예습을 하지 않으면 강의 내용을 이해 못해 멍한 표정(들러리)을 짓게 됩니다.

❸ 복습

학습한 내용을 완전한 자신의 지식으로 만들기 위해 절대적으로 필요합니다.

❶ 성적 향상은 아이가 전보다 새로운 내용을 많이 인지한 만큼 가능하다

❷ 성적 향상은 아이가 학습을 이해하는 능력이 향상되는 만큼 높아진다

❸ 성적 향상은 아이의 수준에 맞는 학습을 할 때 가능해진다

❹ 성적 향상은 「아하! 학습」을 들을 때 가능해진다

학원 수강으로 성적 향상 가능할까?

>>> **19**

성적 향상과 학원 수강

아이의 성적 향상을 위한 부모님의 관심은 다양한 방법으로 드러납니다. 좋은 학원 선택을 위해 수소문하는 분, 십여 개 학원을 방문하는 분, 원장님을 만나 확약을 받는 분, 학원을 믿지 못해 개인 지도를 시키는 분, 학습지, 인터넷 강의, 방문 강의, 팩스 강의, 직접 지도하는 분, 학원 선택을 아이에게 일임하는 분, 학원에서 알아서 해줄 것이라고 믿는 분 등 참으로 다양한 형태를 보입니다.

그런데 선택하는 형태만큼이나 아이의 성적이 향상되는 결과도, 만족도 다양한 양상을 보입니다. 같은 노력으로 결과가 다른 것은 과정이 다르기 때문인데 진단과 처방 학습의 문제에 기인합니다.

건강에 문제가 있을 때 정확한 진단과 처방, 복용 등 삼박자가 일치할 때 회복을 기대할 수 있듯이 성적도 크게 다르지 않습니다. 아무리 열심히 한다고 해도 삼박자가 일치하지 않으면 결코 원하는 결과를 기대할 수 없음을 명심해야 합니다.

❶ 95점 이상 상위권 주류를 이루고 있는 학원

❷ 90점 이상 중상위권이 주류를 이루고 있는 학원

❸ 85점대 중위권이 주류를 이루고 있는 학원

❹ 80점대 중하위권이 주류를 이루고 있는 학원

또한 영어가 강한 학원, 수학이 강한 학원 등 각 학원마다 특징을 가지고 있습니다. 학원 선택이 중요한 이유가 바로 여기에 있는데, 아이의 부족한 부분이 무엇인지 감안해 그에 맞는 학원을 선택할 때 원하는 성적을 향상시킬 수 있습니다.

❖ 상담원에게 위 ❶~❹ 중 성적을 향상시킬 자신이 있는 그룹을 질문하고 학습 커리큘럼을 요구한다

❖ 주위 학부모, 헤어숍, 찜질방, 학부모 모임, 학교 선생님, 아이 친구 등을 통하거나 학원 홈페이지, 카페 등을 통해 알아본다

자신의 아이 수준과 비슷한 학생들의 성적이 향상되는 학원을 선택해야 합니다. 특정 그룹 학생의 성적이 향상된다는 것은 그 수준에 알맞은 학습 프로그램, 지도 방법 등을 가지고 있다는 것을 의미하기

때문입니다.

❖ **우리 아이 성적이 80점일 때 90점~95점대 성적 위주의 학원을 선택하지 마라**

그러면 성적 향상은 멀어집니다. 상담시 학원에서 학생 수준에 상관없이 성적을 향상시킬 수 있다고 자신한다면 심사숙고해야 합니다. 왜냐하면 들러리가 될 수 있고, 우리 아이는 소중하고, 성적이 꼭 향상되어야 하기 때문입니다.

개인 수준에 따른 학습 방법 필요

학원에 수년을 수강해도, 또 개인지도를 시켜도 성적이 정체되거나 오히려 하락하거나, 오른듯하지만 예전의 수준에서 왔다갔다하는 형태를 보이는 경우가 상당합니다.

여러 가지 이유가 있겠지만 본 주제에서는 수준의 문제로 인한 경우를 소개합니다. 반 인원이 30명이라면 1등~30등까지 서열을 정하는 것이 가능한데 그것은 수준차이가 많다는 것입니다. 학교는 우월반이 없기 때문에 성적은 천국과 지옥만큼 차이를 보일 수 있습니다. 하지만 학원의 경우는 우월반 편성으로 학교같지는 않지만 일부 학원을 제외하면 크게 다르지 않을 수도 있습니다.

필자의 경험으로는 학교 1개반 30명 기준으로 15등 정도의 실력이면 학원에서의 성적 향상은 불가능하다고 보는 입장입니다. 즉, 그룹 강의로 또는 현재 학원에서 운영되는 학습 프로그램으로는 성적 향상 자체가 불가능하다고 보는 것입니다. 현실적으로 15위권이 넘을 경우 성적 향상이 지속적으로 이루어지는 경우는 10%에도 미치지 못하기 때문입니다.

그 이유를 알아보겠습니다.

❶ 그룹 지도가 적절한 경우

공개 강의를 의미하는데 공개 강의를 이해하려면 최소 어휘, 문장 파악, 기본 공식, 전문 용어 등을 숙지하고 있어야 하고 강의할 내용의 70~80% 정도는 예습을 통해 이해하고 있어야 합니다.

반 15등의 경우 위의 기준에서 벗어난 상태이기 때문에 성적 향상이 쉽지 않습니다. 즉, 학원 수강으로 성적 향상을 기대하기 어렵습니다.

❷ 개인지도가 적절한 경우

개인지도의 경우도 반 석차 15등 전후는 학원의 범주에서 벗어나는 것은 어렵습니다. 다만 2~3명인 소수인 관계로 가능성은 다소 증가하지만 원하는 결과를 기대하기는 어렵습니다.

❸ 특별 맞춤 학습이 필요한 경우

반 석차 15위권 전후는 맞춤 학습이 필요한데 정원이 문제가 아니고 학습의 기본이 문제이므로 기초를 보강시켜 교과서 위주의 학습이 절대적으로 필요하며 모든 학습의 기초인 이해력 향상을 위한 과목별 ㉮어휘력, ㉯영어 단어, ㉰수학 공식, ㉱전문 용어 등을 익히는 것이 무엇보다도 선행되어야 합니다.

부모님 지도, 학원 수강, 개인 지도 등 무엇을 해도 위 ㉮~㉱를 보충하지 못한다면 성적 향상은 불가능합니다. 그 이유는 학원에서나 그룹 지도에서는 위 사항보다 문제집 위주의 문제 풀이식을 지향하기 때문입니다.

우리 아이가 변할 수 있을까?

20

변하는 만큼 발전할까? 변화는 발전을 의미할까?

학부모 세미나시 아이의 성적에 불만이 많은 분들에게 질문하는 것 중 하나가 "부모님은 지난 1년 또는 수년 동안 자녀를 위한 정신적 배려, 학습 프로그램, 가정 환경, 취미 생활, 인생관 등에 변한 것이 있나요?"라고 질문하면 스스럼없이 변함이 없다는 말씀을 합니다.

변화는 발전도 후퇴도 될 수 있기 때문에 꼭 긍정적인 의미를 가지는 것은 아닙니다. 그리고 변화는 자신으로부터 시작되어야 하나 남의 탓을 하는 경향이 많습니다.

컴퓨터에서 워드를 작성하면 오타가 많이 난다고 짜증을 내는 경우가 많은데 특히 필자는 독수리 타법인 관계로 모니터를 보지 않고 타자를 하기 때문에 한참 진행된 상태에서 오타가 많이 발견되면 무척 짜증이 납니다. 오타의 발생 원인은 무엇일까요? 누구의 탓일까요? 그것은 타이핑을

한 그대로 옮겨진 것이 아닌가요? 즉, 오타가 나게 쳤기 때문에 오타가 난 것이지요. 자판(키보드)에서 'ㄱ'을 치면 모니터에 「ㄱ」이 나타나고, '박'을 치면 「박」이 나타나며, '사랑'을 치면 「사랑」이, '희망'을 치면 「희망」이 나타납니다. 또한 '사랑'을 쳤다고 생각했는데 「사라」고 나타났다면 누구의 잘못일까요?

제3자가 개입한 것도 아니며 주위 환경이나 컴퓨터 탓도 아닙니다.

대개 현재의 결과는 지나온 과정인데도 결과가 부정적일 경우에는 남이나 주위 환경을 탓합니다. 컴퓨터가 거짓 결과를 나타내지 않는 것처럼 현재는 과정의 결과입니다. 우리가 노력한 만큼만 나타날 뿐이며 우리가 변하려고 노력하는 만큼 변할 뿐입니다.

자신이 친 오타를 남의 탓으로 하는 현실, 변하려는 노력은 등한시하면서 긍정적인 결과가 나타나기를 바라는 심리가 바로 문제입니다. 혹자는 변화를 정의하기를 "자신의 몸에 메스를 대고 마취도 하지 않고 생살(상처)을 도려내고 꿰매는 수술을 하는 것과 같은 고통을 참을 수 있을 때 변화할 수 있다"고 하였습니다.

변화는 안락하고 평안함을 버리고 형벌을 스스로 자초하는 것이라고도 합니다. 그것은 변화의 어려움을 대변하는 것이라 할 수 있습니다. 변화는 우리가 노력하는 만큼 변하는 것입니다. 본 주제에서는 변화가 자녀에게 미치는 영향에 대해 알아보겠습니다.

변화를 점검해보자

❶ 1년 전보다 나는 얼마나 변했는가?

변화가 없다는 것은 퇴보를 의미하는 것으로 경쟁 대상은 지난 1년 동안 끊임없이 진화하고 변화해왔기 때문입니다. 하물며 성적 향상이 필요한 자녀 또는 학부모가 1년 전과 다름이 없다는 것은 확실한 후퇴만을 가져올 뿐입니다.

❷ 과거의 허물을 과감히 벗을 때만이 새로운 미래의 옷이 입혀진다

현재의 부정적인 것을 과감하게 버리지 않으면 새로운 것이 들어올 공간이 만들어지지 않습니다.

변화의 중요성을 인식하라

❶ 변화가 왜 필요한가?

자녀의 생존과 발전을 위해, 퇴보를 방지하기 위해, 목표를 달성하기 위해서입니다.

❷ 변화가 왜 어려운가?

익숙한 것을 버리고 새로운 것을 받아들이는 고통을 기꺼이 받아들여야 하는데 마지못해 1~2회 시도하고 힘들어서 싫어한다고, 자녀가 반대한다고 당사자도 덩달아 포기해 버립니다. 특히 '저토록 싫어하는데 효과가 있겠냐' 라며….(변화가 나타나기 시작하는 시점 60%에 도달하기 직전인데….)

❸ 95% 이상이 변화에 왜 실패하는가?

최근 동물 다큐멘터리를 보고 의외의 결과에 놀란 적이 있습니다.

동물의 왕이라고 일컫는 사자, 호랑이, 표범 등의 사냥 장면에서 그들의 사냥 성공 확률이 상당히 저조하다는 것을 알고 놀랐습니다.

맹수들은 자신들보다 몇 단계 낮은 동물이 사냥 대상이며 그것도 병들고, 상처나고, 태어난지 얼마 되지 않고 무리에서 뒤처진 동물, 배설할 때 등 대체적으로 허약하거나 약점이 있는 대상을 골라 사냥을 하는데도 평균 20번 시도에 한 번 정도 성공한다는 통계가 나온 것입니다.

그렇다면 19번은 대충하고 딱 한 번만 최선을 다한 것일까요?

결코 그렇지 않습니다. 필사적인 추격과 생존을 위해 목숨을 걸 때만이 위기에서 벗어날 수 있듯이 극한의 고통을 이겨낼 때만이 성공하는 2% 대열에 합류할 수 있는 것입니다.

❹ 부모가 먼저 변해야 한다

변화의 주체는 부모이며 부모님은 변화의 필요성을 구체적으로 알고 있습니다. 현재 자녀의 문제(긍정적 변화)를 해결하지 않으면 어떤 삶을 살지 예측할 수 있는 반면 아이는 현재의 안위만 생각합니다. 그러한 아이가 변화를 위해 생살을 도려내는 고통을 기꺼이 감수하려고 할까요?

학습량이 조금만 많아도 불평하는 아이! 학습량이 적고 스트레스가 적은 편한 학원을 찾기 위해 수시로 이 학원 저 학원을 전전하는 아이에게 가장 중요한 것은 아이에게 변화의 필요성을 충분히 인지시킨 후 맞춤식 학습 커리큘럼에 따라 1년만 꾸준히 실천하면 변화의 결과를 육안으로 확인하게 되고 그 후 부터는 거부감이 현저히 줄어

들며 염원하던 상위권, 극상위권 그룹에 속하게 됩니다.

결국 부모가 아이를 변하게 하려면 한번 세운 계획은 인내심을 가지고 한결같이 실천하고 끝까지 포기하지 않으면 목표를 달성하는 시기가 다를 뿐 언젠가는 도달합니다. 실패를 하는 것은 중도에 포기를 하기 때문입니다.

결론적으로 부모가 변하는 만큼 자녀도 변하게 마련입니다.

우리 아이가 우등생이 될 수 있을까?

누구나 우등생을 원합니다

우등생이란 무엇일까요? 우등생을 국어사전에서는 '성적이 우수하고 품행이 단정하여 다른 학생에게 모범이 되는 학생'으로 정의하고 있습니다. 현실에서는 자녀를 우등생으로 만들기 위해 공부전쟁을 불사하고 기러기 아빠도 기꺼이 감수하고 있습니다.

부모님이 그토록 원하는 우등생의 기준을 제시해 보겠습니다. 지역에 따른 차이는 있으나 우등생의 기준은 기본적으로 교과서 이해에 문제가 없어야 하고, 반(30명 기준) 석차 3위권에 들어야 하며, 점수는 교육열이 높은 곳은 97~98점, 기타 지역은 93~94점 정도로 생각할 수 있습니다.

❶ 교과서는 기본적으로 완벽하게 이해해야 한다

공부의 중심은 교과서로 교과서 이해가 선행되어야 합니다. 우등생을 원한다면 교과서의 핵심(중심)은 이해 단계를 떠나 내용을 요약할 수 있을 정도가 되어야 합니다.

❷ 교과서 익힘 문제에 의문이 남지 않도록 해야 한다

교과서가 공부의 중심이라면 교과서 익힘 문제는 교과서의 이해, 학습 상태를 파악하는 척도가 됩니다. 익힘 문제를 소홀히 한다면 노력한 만큼 성적이 향상되지 않으며 익힘 문제가 틀린다면 교과서를 제대로 이해했다고 할 수 없습니다.

시험 범위 내 문제집의 문제를 10문제 푸는 것보다 시험 범위 내 교과서 익힘 문제 한 문제를 푸는 것이 훨씬 효과적입니다. 또한 교과서 집필진이 교과서를 완벽하게 이해하고 응용력 배양을 위해 고심에 고심을 거듭해 만든 것이 익힘 문제이며 선생님들에게 익힘 문제를 기준으로 교과서 이해력 여부(시험)를 확인하라라며 지시하는 것과 같기 때문입니다.

❸ 자습서(참고서)로 공부한다

자습서는 교과서를 요약한 것으로 이해 여부를 확인하는 과정이라고 할 수 있습니다. 그러므로 교과서를 이수했다면 확인 학습하는 과정에서 참고서를 통한 학습이 이루어져야 합니다.

그러나 상당수의 학생들이 문제집 풀이에 비중을 두고 있습니다. 교과서, 자습서에 비중을 두지 않는 문제집 풀이는 문제를 암기하는 것과 같아 문제를 조금이라도 비틀(응용)면 정답을 찾지 못합니다.

❹ **문제집을 푼다**

문제집은 학습에 대한 총 평가 과정으로 교과서 이해 정도, 예습, 복습 상태, 응용력 등을 총 평가하는 마무리 학습 단계로 활용해야 합니다. 학습을 100%으로 평가할 때 교과서 70%, 참고서 20%, 문제집 5~10%가 가장 적당한다고 할 수 있습니다.

그러나 성적에 불만이 많은 그룹, 노력에 비해 성적이 미비한 그룹, 90점~95점에서 좀처럼 98점~100점대로 진입하지 못하는 그룹의 대부분은 교과서, 참고서보다 문제집에 80~90%를 할애할 만큼 비중을 둡니다.

❺ **맞춤 학습 계획표를 세운다**

'공부의 기본 = 예습 + 수업 + 복습'

학습 계획을 세우는 것은 집을 지을 때 설계도와 같다고 할 수 있습니다. 설계도에 문제가 있으면 원하는 집을 지을 수 없고 잦은 변경으로 괴상망측한 모양의 집이 되고 예산을 초과하게 됩니다. 결국 처음 원했던 자신의 집을 가질 수 없게 됩니다. 그러므로 자녀의 수준을 감안한 학습 계획을 수립해야 합니다.

노력을 하는데 왜 성적이 그대로일까? 22

흥미 유발과 성적 향상

'왜 노력을 하는데 노력한 만큼 성적이 향상되지 않을까?' 성과를 육안으로 곧장 확인할 수 있는 것(생산, 필기, 운동 등)이라면 대부분 노력하면 하는 만큼 나타납니다.

그런데 공부(학습)는 과정이 있으나 결과가 뚜렷하게 나타나지 않는 경우 문제가 됩니다. 자녀를 지도하는 선생님이나 부모님들은 아이가 집중을 하지 않아 이해가 되지 않으며 그로 인해 성적에 지대한 영향을 받는다고 합니다. 그래서 아이를 지도하는 학부모나 교사는 집중을 하지 않는다고 자녀나 학생을 꾸중하거나 체벌을 하기도 합니다.

"너를 이해시키기 위해 이토록 자세히 설명하고 있는데 왜 집중을 하지 않느냐! 집중만 하면 알 수 있는 문제인데….''라며 꾸중이나 질책, 심지어 육체적인 체벌을 하기도 합니다. 물론 틀린 지적은 아닙니다. 그렇다고 100% 맞는 지적이라고 할 수도 없습니다.

문제는 아무리 많은 학습량도 아이의 수준에 맞는 학습 프로그램으로 학습하지 않으면 원하는 결과를 결코 얻을 수 없음에도 미흡한 결과에 자녀를 탓하며 노력 미비와 집중력 부족으로 결론짓는다는 것입니다.

과연 그럴까요? 그렇다면 전교 수석, 전국 수석을 차지한 아이는 24시간 공부만 했을까요? 오히려 노력을 하는데도 하위권에 머물고 있는 아이보다 학습량이 적을 수도 있습니다. 학습량은 비슷하지만 성적 차이가 나는 것은 어떻게 설명할 수 있을까요?

"유명한 학원, 유명한 강사로 이름난 학원, 옆집 ○○도 성적이 올랐고 그 학원에 수강해서 성적이 향상되지 않는 아이는 없다고 하는데…."라며 학원, 개인지도 강사에게 원망과 한탄을 쏟아 냅니다.

그러다 불현듯 '우리 아이의 머리가 나빠서 아닌가?' 라며 의구심을 가지기도 합니다. 머리가 성적 향상에 차지하는 비중은 아주 작은데 수년전 서울대 합격생 IQ 통계 자료를 보면 IQ 90이 되는 학생도 수십 명 합격했다는 것입니다. 선·후천적인 장애자를 제외하면 IQ가 성적으로 연계되어 문제를 만드는 경우는 전무하다고 할 수 있겠습니다. 결국 원인은 아이가 강의 내용을 최하 80% 정도는 이해할 수 있어야 하나, 이해도 50% 전후의 강의로 인해 강의 내용이 자녀에게 누적되지 않고 곧장 망각하기 때문입니다. 그러므로 아이의 수준을 떠나 이해가 가능한 수준부터 수강할 수 있도록 맞춤 학습 프로그램으로 성적 향상 커리큘럼을 세워 지도할 때 흥미유발과 함께 성적 향상에 접근할 수 있게 됩니다.

선행 학습! 댁의 자녀는 어떻습니까?

선행 학습이 문제다

"문제의 선행 학습이 자녀의 성적 향상을 방해하고 있다. 문제의 선행 학습이 자녀의 공부를 망치고 있다"

이 말을 믿으시겠습니까? 그러나 엄염한 사실입니다. 부모, 자녀의 성적이 노력을 하는데도 향상이 안 되고 있다면 문제의 선행 학습 때문입니다. '누구나!' 라고 할 만큼 선행 학습은 학원가에 확고한 위치를 점하고 있고, 성적 향상을 위해 당연하다고 생각합니다.

선행 학습의 목적은 성적 향상을 위해서인데 선행 학습이 자녀의 성적 향상을 방해하고 있다는데 문제가 있는 것입니다.

선행 학습이란 무엇일까요? 용어 그대로 '앞서가는 학습 즉, 미리 배우는 것' 을 의미합니다. 그렇다면 왜 선행 학습이 문제인가요?

문제는 선행 학습이 약이 되는 학생이 있는가 하면 오히려 시간만 낭비하고 스트레스만 받게 하는 독으로 작용하기도 한다는 사실입니다.

선행 학습의 종류

❶ 교과서 위주 선행 학습

용어 그대로 교과서를 위주로 학교의 진도를 나가기 전에 미리 하는 학습을 의미합니다. 사교육 기관에서는 대부분 실시하지 않고 있습니다.

❷ 문제집 위주 선행 학습

방학 등을 이용해 학원에서 차기 시험 범위 내에서 문제집 위주로 대부분 시행하고 있습니다.

❸ 특정 목적 선행 학습

특수 목적 고등학교, 유학 준비, 신동, 영재반 등에게 실시하는 선행 학습으로 분류할 수 있는데 학교 성적 기준이 아닌 타 분야에 목적을 두고 시험 범위에 상관없이 학습 커리큘럼대로 적게는 1년 많게는 수년 앞서 진도를 나가는 것을 말합니다.

이번 주제에서는 대부분 학생들에게 문제가 되고 있는 문제집 위주 선행 학습에 대해 알아보도록 하겠습니다. 이해를 돕기 위해 선행 학습의 목적을 알아보면 재론의 여지도 없이 성적 향상이며 성적 향상의 절대 요소는 이해라는 주장에 이견을 제기하는 이는 없습니다. 이해만 문제없다면 어떤 학습 방법도 문제가 될 사안은 아니라고 봅니다.

문제집 위주 선행 학습

❶ 약이 되는 문제집 위주의 선행 학습

대다수의 학원에서는 문제집을 선정해 문제집 앞면의 핵심 정리를 간단하게 설명하고 문제집 풀이 위주의 강의를 합니다.

짧은 시간 핵심 정리만으로 이해력과 응용력 배양을 목적으로 하는 문제 풀이 위주 학습에 적응할 수 있다면 100% 바람직하지는 않지만 그래도 약으로 작용할 가능성이 많습니다.

▶ 문제집 위주 선행 학습의 문제점

대상	약이 되는 대상은 최소 90점대는 유지되어야 한다는것인데 특정 지역을 제외하고는 85점대는 전체의 20%를 넘지 않다는데 있다.
문제점	선행 학습으로 완전히 이해했을 경우 학교 수업(교과서)을 등한시 하는 관계로 이해의 심도가 깊지 못할 우려가 있고 학습 태도 또한 집중력이 저하될 수 있다.

❷ 독이 되는 문제집 위주의 선행 학습

문제가 되는 선행 학습이라고 규정하는 것은 학습한 만큼 결과(이해)가 나오지 않기 때문입니다.

85점대 이상인 경우 문제집 서두의 핵심 정리를 간단하게 설명하고 문제집 풀이 위주 강의로 이해가 되는데 비해 85점 이하인 다수 약 70~80% 전후는 이해를 하지 못해 선행 학습의 효과를 보지 못한다는데 문제가 있습니다.

자녀가 85점대 이하로 노력을 하는데도, 학원을 보내는데도 성적 향상에 문제가 있다면 선행 학습의 문제점을 의심해 볼 필요가 있습니다.

왜 문제의 선행 학습이라고 하는가?

노력과 결과는 대부분 정비례한다는 것은 불변의 법칙입니다.

그러나 '문제의 선행 학습'은 예외에 속합니다. 다시 말해서 노력을 해도, 노력하지 않아도 성과면에서는 큰 차이를 보이지 않는다는 것입니다. 의문이 생기지 않을 수 없지요.

성적이 향상되지 않는 원인을 알아보자

방학이 되면 누구나 할 것 없이 차기 시험 범위 내에서 문제집(3~7종)을 통해 선행 학습을 합니다. 문제는 일정한 범위(시험)를 1개월 하는 경우와 4개월 이상 하는 경우가 성적 향상에는 큰 차이가 없다는 것입니다.

1개월 선행 학습과 3개월 선행 학습이 차이가 나지 않는다면 믿으시겠습니까?

❶ 여름방학

학교 진도가 중단되는 1개월 동안(7월 중순 전후~8월 중순 전후) 2학기 중간고사 시험 대비를 하며 시험 대비 문제집 2~3권으로 학습하게 됩니다. 즉, 선행 학습 기간이 1개월 정도에 그친다는 것입니다.

❷ 겨울방학

겨울방학은 여름방학의 3배(신년 1월~3월말. 시험 준비 전)가 됩니다.

최하 1~2월 문제집 1권, 3월 문제집 1권, 4월 부터 시험전 시험 대비 문제집 2~3권으로 시험 대비를 합니다(학원별 차이는 있으나 대부분 비슷함.).

선행 학습 기간은 학교 진도를 제외하고 3개월이 넘습니다.

❸ 기말시험

1~2학기말 시험은 중간고사 후 2개월 만에 치르는 시험으로 학교 진도가 나가므로 학원에서 따로 선행 학습을 하지 못하고 시험 준비를 하는데 문제집 2~3권 정도인 경우가 많습니다.

위의 사항으로 미루어 볼 때 선행 학습은 성적 향상에 도움을 주지 못하고 오히려 소중한 시간과 금전을 소비하는 것은 물론 자녀에게 극단적인 스트레스를 주기 때문에 선행 학습에는 문제가 많다고 하는 것입니다.

물론 필자의 주장이 학원, 주변 환경(강남, 목동, 평촌 등 예외)에 따라 차이는 있으나 85점 이하(공부를 못하는 그룹)가 주로 해당되는데 전체 학생의 70% 정도가 이에 속하므로 성적이 향상되지 않는다면 '문제의 선행 학습' 때문이라고 볼 수 있습니다.

문제의 선행 학습이 발생하는 이유는 무엇인가?

❶ 가장 큰 문제는 사교육에 종사하는 분들이 위와 같은 문제점을 직시하지 못한다

❷ 원생들의 수준을 정확하게 파악하지 못하고 있다

❸ 강사 자신의 만족도(진도)에 비중을 두기 때문이다

❹ 자신이 공부했던(학교에서 대학 입학 가능성 원생 위주의 강의)방법을 원생에게 적용하는 것을 당연하게 생각하고 있다

❺ 강의 자체에 비중을 두고 가장 중요한 원생의 이해력에는 초점을 맞추지 않기 때문이다

문제의 선행 학습을 하고 있는지 부모님, 실험해 보십시오

【 테스트 ❶ 】

지난 수학 시험 75점의 경우 함수 테스트지 1장을 복사해 보관한다.

부모　선호야, 너희 수학 진도 어디 나갈 예정이니?

선호　1주일 후에 함수 시작한대요.

부모　그럼 문제집 좀 가져와봐! (문제집에서 함수 테스트 문제를 찾아 20문제 전후를 풀어보라고 한다.)

선호　엄마! 배우지도 않았는데 어떻게 풀어요.

부모　알고 있어! 알면 풀고 모르는 것은 찍으면 되잖아 그냥 풀어봐! 무조건 찍지 말고 최대한 풀어야해. 엄마가 무조건 찍는지 볼거야! (라면서 지켜본다.)

선호	(투덜거리면서 답을 적은 후) 엄마 다 풀어었어요.

➡ 필자의 답변

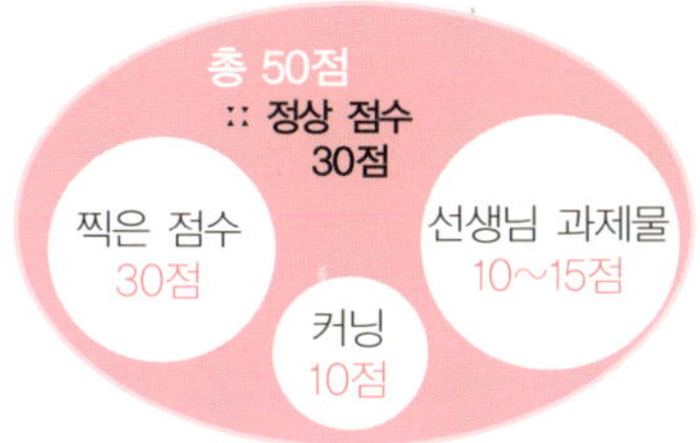

❖ 30점 정도가 나온다면 정상이라고 할 수 있는데 공짜 점수인 커닝 10점+선생님 과제물 10~15점이 있어 항상 20점 정도는 부여받는다.

【 테스트 ❷ 】

1개월 후 학원에서 함수 진도가 나간 후 지난번 보관한 함수 테스트지로 재시험 본다.

부모　선호야! 함수 진도 끝났다고 했지?

선호　네, 끝났어요.

부모　배웠으니 잘 알겠네!

선호　(묵묵부답)

부모　(지난번 복사한 함수 테스트지를 주면서) 선호야 함수 배웠으니 얼마나 아는지 풀어보자!

선호　나, 시험 보기 싫은데...

부모　성적이 나빠도 혼내지 않을테니 아는 대로 풀어봐!

선호　엄마 다 풀어었어요.

채점을 한 결과 70~75점 확보

117

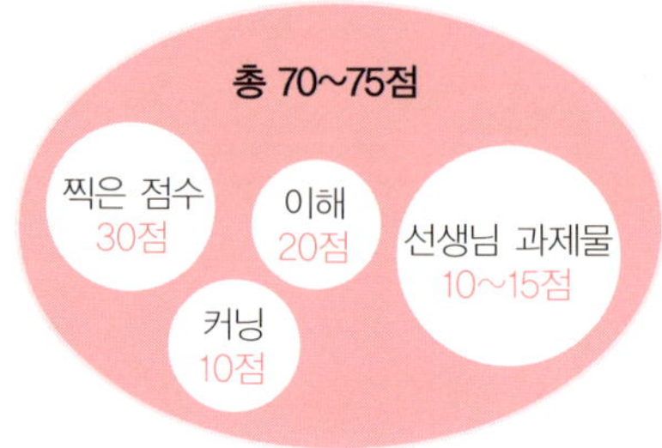

❖ 70~75점 내역: 정답 20점(이해) 커닝 10점
+찍은점수(알쏭달쏭+찍은 점수) 30점+
선생님 과제물 10~15점 = 70~75점을 확보
하게 된다.

결론

선호의 이해력은 20점 향상되었고 나머지 50점은 학습에 상관없이 확보되는 점수라고 할 수 있습니다. 즉, 선행 학습의 횟수를 늘려도 현 상태는 거의 벗어나지 못하는 이유는 수준을 벗어난 강의로 이해를 전제로 하지 않은 문제 풀이에 비중을 두었기 때문입니다. 문제를 암기한다고 해도 조금만 응용하면 정답을 낼 수가 없습니다.

결국 문제의 선행 학습은 상위권에게는 학습 효과를 기대할 수 있으나 나머지 그룹의 성적 향상은 기대치에 미치지 못한다는 것입니다. 실험해 보시면 문제의 선행 학습이 왜 문제인지 인식하게 될 것입니다.

학교 성적 70점은 실제 성적 20점이다?

24

20점이 70점의 성적을 확보할 수 있는가?

자녀의 학교 성적 70점이라면 실제 점수는 20점 정도라고 한다면 믿으시겠습니까? 학교 점수 70점은 과연 실력인가요? 그런데 학교 점수 70점이 실제 실력은 20점이 사실입니다.

정말 말도 안 되는 것일까요?

근래 학교 시험 유형과 공부하는 자녀를 조금만 관심을 가지고 지켜보았다면 금세 필자의 주장에 동의하면서 '아! 그래서 지금까지 최선을 다했어도 성과가 없었구나!' 라고 생각했을 것입니다. 필자는 성적이 향상되지 않았던 주원인이 20점대 학생을 80~90점대 수준으로 학원에서 지도했기 때문이라고 단정합니다.

왜 점수 착각현상이 발생하는지 알아봅니다.

중1 과학 문제로 대표적인 유형의 문제를 제시한 것입니다.

A형

1. 사막에 생기는 모래언덕을 나타낸 것이다. 설명으로 옳지 않은 것은?
   ① 서쪽 바람에 의해 만들어졌다.　　　② 매년 수 cm의 속도로 이동한다.
   ③ 바람이 불어오는 쪽의 경사가 심하다.
   ④ 초승달 모양의 사구를 바르한이라고 한다.
   ⑤ 사막에서 바람의 세기가 갑자기 약해지는 곳에 생긴다.

B형

2. 바닷물에 있는 염류의 근원에 대한 설명으로 옳지 않은 것은?
   ① 강물에 의해 육지로 이동한다.　　② 바닷물이 분해되어 염류가 된다.
   ③ 대기성분의 일부가 녹아 들어간다.　④ 지각에 포함된 물질이 녹아들어 간다.
   ⑤ 바닷가에서 분출된 화산가스가 녹아 들어간다.

❶ 문제 해설

- A형 : 전문 용어와 낱말이 적고 일상 용어로 구성되어 있어 비교적 이해가 용이합니다.

- B형 : 전문 용어와 낱말이 A형 문제에 비해 2~3배 정도 많아 기초가 부족한 학생은 질문에서부터 벽에 부딪힙니다. 즉, 염류와 근원이라는 용어를 이해하지 못하면 무엇을 요구하는지 모르기 때문에 문제에 접근조차 할 수 없습니다.

문제 발생 원인

❶ 객관식 문제 출제

보기를 선택하는 선다형 문제 출제로 정확한 실력 평가가 어렵습니다.

❷ 낱말 전문 용어 이해력

한글은 소리말인 관계로 읽고 쓰는 것만으로 정확히 이해했다고 할 수 없으며 문장 이해 능력이 성적을 결정한다고 할 수 있습니다.

중간고사 등 시험지를 받았을 때 시험에 응시하는 태도는 천차만별로 문제를 풀 때 순서대로 푸는 학생, 아는 것을 먼저 푸는 학생, 찍는 학생 등 다양합니다.

25문제(문제당 4점) 기준의 예를 들어본다

❶ 실력

70점대 학생이 시험지를 받았을 때 문장 파악을 정확히 할 수 있고 망설임 없이 '이것이 정답이다' 라고 단언할 수 있는 문제는 'A형'의 문제로 5~6문제 정도에 불과합니다.

❷ 신중

알고 있는 문제를 풀고 나면 몇 문제는 아리송한 문제가 되는데 '바닷물에 있는 염류의 근원에 대한 설명으로 옳지 않은 것은?' 이라는 문제가 있다면 '염류와 근원' 이라는 용어를 이해하지 못해 고개를 갸웃거리며 답을 찾으려고 생각을 해보지만 생각이 날 듯하면서도 좀처럼 생각나지 않는 문제입니다.

결국에는 5개의 보기에서 낯이 익은 용어(문장) 또는 그림 등을 감안해 대충 답을 적는데 학생은 답을 찍었다기보다 알고 적었다고 생각하지만 찍은 문제로 분류해야 합니다. 'B형'의 문제로 10여 문제 정도 되며 적중률은 70% 정도 됩니다.

❸ 두리번

나름대로 알고 있는 문제를 풀고 나면 난감해지는 것은 50% 정도만 풀었기 때문이며, 점수에 대한 욕심으로 누구나 커닝의 유혹에 빠져들게 됩니다. 자신보다 성적이 우수한 학생을 바라보거나 시험지, 답안지에 관심을 가지며 다수의 학생이 적게는 1~2문제, 많게는 7~8문제까지 커닝을 하는데 2~3문제 정도는 고의 또는 우연히 시험지를 넘기거나 답안지를 뒤적거리는 과정에서 볼 수 있습니다.

❹ 찍기

위 단계가 끝나면 남은 10여 문제는 찍기에 의존하는데 상위권은 찍는데도 다양한 방법을 취하지만 하위권은 용어 그대로 무작위로 찍으므로 요행 점수도 적어져 2~3문제 정도 답을 찾습니다.

❺ 과제물

내신 경쟁으로 학생의 내신을 높이기 위해 강의도 열심히 하지만 변칙적인 방법을 사용하기도 하는데 그 중에서 가장 합법적인 방법으로 꼽을 수 있는 것이 과제물 점수입니다.

선생님은 담당하고 있는 학생의 점수가 기준에 미달인 학생에 대해 일정한 과제물(필기, 공작 등)을 부여하고 점검 후 일정한 점수를 부여합니다. 이를 일률적으로 단정할 수 없으나 대개 10~15점 정도로 추정할 수 있습니다. 이와 같은 방법에 따라 점수를 계산하면 실력은 20~24점, 신중 25~30점, 두리번 4~8점, 찍기 8~12점, 과제물 이수 10점(문제 학생에게 간단한 과제물 부여)입니다. 최하로 계산하면 68점 정도이며 위와 같은 과정을 거치면 대부분 70점을 상회하게 됩니다. 결국 학원에서 20~30점 정도 수준의 학생을 상위권 위주의 학습 프로그램에 맞춘 지도로 인해 성적이 원하는 만큼, 노력하는 만큼 향상되지 않는 것입니다.

그러므로 가장 중요한 것은 외형적으로 나타난 점수로 평가하기보다 자녀의 수준을 정확히 파악하고 수준을 감안한 맞춤 성적 향상 커리큘럼을 만들어 지도하는 것이 무엇보다도 중요하며 위 사안을 거론하는 목적이기도 합니다.

앞에서 "우리 아이는 공부를 안할까? 못할까?"를 다루었습니다.

이번 주제에서는 공부를 못하는 자녀가 왜 발생하는지 구체적으로 제시하고자 합니다. 대부분의 부모님들은 많은 학습량이 자녀의 성적 향상의 지름길이라고 생각하며 많은 학습량을 부여하는 것이 성적을 향상시킬 수 있다고 믿고 있습니다.

물론 가능성이 많지만, 학생의 수준에 따라 반대의 현상이 나타날 수도 있다는 사실을 생각해야 합니다. 열등생에게 많은 학습량은 그대로 스트레스로 바뀌어 학습량과 스트레스가 비례하는 결과를 초래해 성적 향상은 이루어지지 않고 공부를 더욱 멀리하는 요소를 유발시키는 직접적인 원인으로 작용하기도 합니다.

공부를 멀리하는 아이의 대부분은 부모가 자녀에게 과다한 학습량을 부여해 그로 인한 스트레스에 기인한 결과이기도 합니다. 그러므로 진정으로 성적 향상을 원한다면 공부를 안하는 아이와 못하는 아이를 확실히 구별해 학습 프로그램을 적용할 수 있어야 합니다.

부모님! '자녀의 성적 부진 이유가 공부를 안해서라고 생각하십니까? 못해서! 라고 생각하십니까?' 여기서 이러한 질문에 대한 명확하고 구체적인 대답에 따라 구별하는 것이 대단히 중요합니다.

필자로서는 공부를 안하는 자녀와 못하는 자녀를 구별해 맞춤 학습프로그램을 적용하면 다음과 같습니다.

❶ 자녀의 학습 커리큘럼을 맞춤식으로 만들 수 있다

❷ 자녀의 스트레스를 최소화할 수 있다

❸ 노력하는 만큼 성적을 향상시킬 가능성이 있다

❹ 집중하는 시간을 연장할 수 있다

❺ 성취감으로 인해 공부가 즐거워지고 성적이 향상된다

❻ 부모, 자녀 모두 스트레스를 최소화할 수 있다

❼ 성적 향상은 물론 수직 성적 향상이 가능해진다

그러므로 자녀의 성적 향상을 진정 원한다면 공부를 안 하는 자녀와 못하는 자녀를 확실히 구별해 자신에 맞는 학습 프로그램을 적용할 수 있어야 한다는 것입니다.

❶ 공부를 안 하는 자녀

학습량을 증가시키는 만큼 성적이 향상될 수 있는 그룹으로 노력하는 만큼 성적이 향상될 가능성이 많으며 평균 85점대가 이에 속합니다.

❷ 공부를 못하는 자녀

학습량을 증가시켜도 성적으로 반영되지 않고 오히려 스트레스가 증가하는 그룹으로 80점 이하가 이에 해당합니다.

왜 공부를 못하는지 명확히 구분하자

본 자료는 지금까지 공개하지 않은 필자의 유일한 노하우라고 할 수 있습니다. 자녀, 학부모를 위해서 꼭 필요한 프로그램이므로 일단 긍정적으로 생각하고 접근하는 것이 필요합니다. 성적이 향상되지 않는 원인이 예상치 못한 곳에 있다는 것을 알게 될 것입니다.

제시하는 예는 필자가 학원 경영시 체험한 사례로 한글(이해력)의 중요성을 실감하고 학습 프로그램에 접목시켜 성적을 수직상승 시켰던 실제이기도 합니다.

부산 동래구에서 학원을 운영할 때 평균 50점 미만으로 전교 꼴찌에 가깝던 학생이 1년 만에 평균 82점으로 중위권으로 진입한 예를 들어보겠습니다.

8월 중순 오후 6시경 예쁘장하고 단아하게 보이는 중학생인 듯한 여학생이 부모의 손에 이끌려 상담실로 들어왔습니다. 흔히 그렇듯 학부모의 강요에 의해 마지못해 끌려오는 학생의 모습과 거의 다를 바가 없었습니다.

【 학원에서 】

필자　　어서오세요.

학부모　　어서 들어오지 않고 뭐해!

필자	앉으세요. (이 말에 학생은 잠시 머뭇거린다.)
학부모	선생님, 우리 딸 좀 살려 주세요. 속상해 죽겠어요.
필자	(의아해서) 네?? (영선이가 결코 불량하거나 문제 학생으로 보이지 않았기 때문이다.)
학부모	학교에도 적응하지 못하고 학원에도 가지 않으려고 하고…. (라며 눈물을 적시었다.)
필자	네, 무슨 말씀이세요? (중학생쯤으로 보았는데 고등학생이라는 말에 의아해 하며) 몇 학년에 재학 중인가요?
학부모	고등학교 2학년에 다니고 있어요.
필자	저는 중 2학년 정도 밖에 보이지 않았는데…. 학교에서 무슨 일이 있었습니까?
학부모	1년 전 영선이 담임선생님이 상담을 요청해서 갔는데 선생님에게 온갖 창피를 당했어요.

【 학교에서 】

담임	영선이 어머님, 우리 학교에서는 영선이가 화제의 대상이자 고민이 많습니다. 영선이를 이해할 수 없는 것은 수학은 전교 5위권 안에 들고 I.Q도 138이며, 영어는 80점대에 이르나 다른 과목은 50점에도 미치지 못하는지 이유를 모르겠습니다. 머리에 이상이 있다면 전 과목에 걸쳐 하위권에 머무는 것이 일반적인데 영선이는 아이들이 가장 어려워하는 수학에서는 최상위권, 영어는 중위권을 차지하는 반면 기타 과목은 최하위권, 극과 극을 오르내리고 있습니다. 도대체 이해할 수가 없습니다. 그렇다고 학습 태도가 문제있는 것도 아니고…. 다만 친구와 잘 어울리지 못하고 무시를

당하는 경향이 많습니다. 이유인 즉 영선이가 답답하다고 하는데 말귀를 못 알아듣는다고 이구동성으로 이야기합니다.

어머님, 저희 학교에서 영선이 문제를 수차례 논의했으나 방법을 찾을 수 없다는 생각에 어머님을 뵙기를 요청한 것입니다. 죄송한 말씀이지만 신경정신과에서 진단을 받아보시거나 학원, 개인 지도 등 교육 기관에 상담해 보는 것이 어떨까 해서….

【 학원에서 】

학부모 창피함에 몸둘 바를 몰라 어떻게 집에 왔는지 모르겠어요. 영선이와 남편이 그렇게 미울 수가 없었어요.

필자 아버님은 왜 미운가요?

어머니 초등학교 때부터 여중학교 수학선생이라서 그런지 수학만 붙들고 가르친 관계로 수학은 잘했는데 다른 과목 성적이 오르지 않아 걱정을 해도 수학만 잘하면 다른 과목은 크게 문제되지 않는다고 해서 안심을 했어요. 그래도 성적표를 볼 때면 불안해 이를 얘기하면 다짜고짜 화를 내면서 선생인 나를 못 믿으면 어떻게 하냐는 호통에 그 이후로 몇 년은 신경조차 쓰지 않았어요.

그러나 중학교 입학하면서 문제가 심각하다는 것을 알게 되었어요. 아빠가 노력했지만 영선이에게 호통으로 일관해 극기야 영선이가 신경성 탈모증이라는 진단을 받게 되었지 뭡니까. 수학교사인 아빠마저도 포기했고 학원도 몇 곳을 전전했으나 10일도 버티지 못하고 신입과 퇴소를 반복하고 있고 급기야 사태가 너무 심각해 지금 여기에 온 것이에요.

사실 필자도 영선이의 문제 원인이 무엇인지 몰라 고심하면서 상담에 응하고 있었습니다. 필자가 경영하는 학원은 그 당시 이해력이 부족한 원생을 위해 교과서 전문반을 운영하고 있었는데, 열등생에게 선행학습, 문제풀이 등을 배제하고 교과서 위주의 학습을 시키면서 특히 어휘력에 비중을 두어 문장 이해에 초점을 맞추고 있었습니다.

그 학부모와 상담이 진행되는 몇 분 동안 학생이 너무 조용해 무심결에 보니 그 아이는 상담실 원탁 옆에 있는 책꽂이에서 책을 뽑아 읽고 있었는데, 유치원생용 구연동화를 위한 교재였습니다. 의아했지만 혹시 '책을 잘못 뽑았거나 호기심이겠지' 라는 생각에 별로 관심을 두지 않았는데 10여분이 지난 후에도 책을 보고 있었습니다. 그것도 글자 한자 한자를 노치지 않으려는 듯 손가락으로 짚어가면서 1~2분이면 충분한 읽을 내용을 10여분이 지났음에도 아직 다 읽지 못한 것 같았습니다.

그때 불현듯 생각나는 것이 있어 "영선아 재미있니?"라고 질문하자 "네, 재미있어요!"라는 대답에 갑자기 이 학생의 학습 부진 원인을 파악했다는 생각이 뇌리를 스쳤습니다.

원인 파악

필자가 초등 4학년용 어휘력(색인) 테스트를 이 학생에게 실시한 결과 확연히 드러난 것이 있었습니다. 고 2학년이 초등학교 4학년 교과서에 나오는 어휘에 대해 보통 30점에 불과하고 이해력도 형편없었다는 사실입니다. 예를 들어 '인화물질' 이라는 낱말조차 이해하지 못하고 있는 상태였으니 그 정도의 심각성을 이해할 수 있을 것입니다.

그렇다면 '수학 성적은 왜 향상될 수 있었을까?'에 자연히 의문을 가질 수밖에 없었는데, 그것도 우리가 수학의 특성만 이해한다면 어려운 것이 아닙니다.

수학은 초등학교까지는 문장 이해력(보통 부모가 적극 개입)이 필요하나 중학생이 되면 문장이 전무해 일정한 공식을 대입하고 계산을 하면 정답을 얻을 수 있었고 아빠가 수학선생님이었기 때문에 수학을 접하는 시간이 많은 것도 하나의 원인이었습니다.

만약 이러하다면 전교 최상위권에 진입할 수 있는 것도 그 때문이 아니었을까요?

영어 성적이 보통인 이유를 필자가 추측건대 단어만 암기해도 상당한 성적이 가능하나 고학년이 되면서 설명에 전문 용어 사용이 많아지고 단어 암기만으로는 한계에 부딪힌 것으로 보였습니다.

영선이의 문제점 재확인 과정

❶ 이해 부재

중1 도덕 교과서 짧은 문장(10줄 정도)을 세 번 읽게 하고 내용을 질문하였지만 한마디도 못했습니다.

❷ 이해 수준 확인

비슷한 분량의 동화책을 읽게 하고 질문하자 초등생처럼 또박또박 내용을 표현하였습니다.

❸ 교육의 문제점

지금까지 내용 이해를 위한 노력 부재[한문(漢文) 지도를 한적 없었다고 함]

❹ **학교에서 왕따**

남의 말을 이해하는 능력(커뮤니케이션)이 현저히 떨어져 답답하고 모자란 아이로 낙인찍혔습니다.

❺ **행동 모방**

별명이 원숭이인 것은 친구, 동생과 어울리기 위해 남이 웃으면 조금 후 억지로 웃고, 행동도 남을 따라해 원숭이라는 별명이 붙었습니다.

❻ **영어 중위권 성적**

단어 80%이상 암기 즉, 단어 조합으로 인한 점수로 예측하였습니다.

이와 같은 진단 결과가 확실하다는 생각이 들자 필자는 내 자신도 모르게 앞이 환해짐을 느꼈고 영선이도 열등생이 기본적으로 가지고 있는 어휘력(이해력) 결손으로 인해 전과목에 문제가 되었고 그 상태가 대단히 심하다는 것을 알게 되었습니다. 그러나 아직은 지시에 잘 순응하고 성실성과 I.Q가 140에 육박하고 있고, 선생님이 되는 것이 소원이라는 목표를 학생이 가지고 있어 발전 가능성이 나름 보였습니다. 그래서 학생의 수준을 감안한 맞춤식 학습 프로그램을 적용하면서 현재 상태에서 더 노력하면 앞으로 나아갈 가능성을 느낄 수 있었습니다.

3일 후 부모님을 모시고 학생의 학습 방법에 대해 논의를 하였는데 부친이 학습 프로그램의 단순함에 난색을 표했지만 필자는 나름대로 명확한 목표를 제시하였고 이를 실천하기 위해 상당한 시간과 노력이 필요했습니다.

설득 요지

❶ 지금 이 상태에서 이해력에 비중을 두지 않으면 기본적인 전문 용어는 물론 일반적인 생활 용어조차 몰라 커뮤니케이션이 이루어지지 않아 정상적인 사회생활조차 못할 수 있다

❷ 현재의 학습 프로그램으로는 성적 향상이 불가능하다

❸ 자녀를 지도하는데도 상당한 문제가 따를 수 있다

❹ 2년 정도면 중위권 진입이 가능하며, 결과에 따라 원하는 대학에 입학도 가능할 수 있다

물론 '❹' 안에 대해서는 부모님 설득을 위한 목표로 그 실현 가능성에 대해서는 희박하기도 했습니다.

그리고 부모님께서 심사숙고하여 필자의 프로그램에 참여를 원할 경우 다음과 같은 요구 조건을 제시하여 이를 100% 수용할 때 가능하다는 것을 다짐하였습니다.

필자의 요구 조건

❶ 목표 설정

2년 후 중위권 80점대에 진입(수학 성적이 우수했고 기초 문장 이해력만 이해되어 1년만 지나면 급속도로 향상될 수 있기 때문)하며, 성적 향상 목적을 이루지 못한다 하더라도 사회생활을 하는데 필요한 공통 지식인 이해력을 고취시켜 타인과 커뮤니케이션을 이루어 원만한 사회 생활을 할 수 있습니다.

❷ 학습 수준 제시

현재 고2 재학 중으로 수학은 월등하나 영어는 보통이며 나머지 과목은 최하위권에 머물고 있습니다.

❸ 학습 성과 및 학습 내용의 이의제기 금지 요구

1년이 경과하기 전에는 성과가 미미할 수 있고 확답을 받지 않으면 학습 프로그램의 단조로움에 학생과 학부모가 이의를 제기해 학습이 중단될 가능성이 많기 때문입니다.

❹ 학교 수업 배제와 학원 과제물을 학습 시간으로 활용

담임 선생님께 요청 – 진단 자료 제시(담임 시간 및 일부 과목을 허락 받음)

❺ 학원 학습 1일 6시간 이상

오후 5시 등원 ~ 저녁 11시 귀가

❻ 주말, 국경일 등 예외 없이 등원 학습

수일 후 학생의 아버지는 비장한 각오로 필자를 믿고 마지막으로 시도한다면서 최선을 다해 협조하겠다고 했고 필자 역시도 학습 커리큘럼을 제시하였습니다.

▶ 학습 커리큘럼 짜기

❶ 단계	• 6개월 동안 초등 국어 교과서 익히기 • 단순 학습 프로그램으로 가장 인내하기 어려운 시기
❷ 단계	• 6개월 동안 고2 국어 교과서와 도덕 중 1~3학년 과정까지 이해시키기 • 서서히 흥미를 느끼기 시작하고 성적이 향상되기 시작하는 시기(향상 목표 60점→10점 향상)
❸ 단계	• 12개월(1년) 동안 기타 과목 교과서 위주 학습 • 본격적으로 성적이 향상되기 시작하는 시기로 중위권 진입 목표 설정 (향상 목표 75점→15점 향상)

| ❹ 단계 | • 1년 재수 후 교대 합격 목표 설정(평균 90점) |

➡ 결과

| ❶ 단계 | • 예상대로 초기 3개월은 매우 힘들어 했으나 4개월에 접어들면서 교과서 내용 일부를 파악하면서 질문을 하고 호기심을 가지기 시작. |
| ❷ 단계 | • 고2 국어 교과서를 접하면서 전 과목 성적이 서서히 향상되면서 흥미 유발과 동시에 가능성을 가지게 됨. (성적 60점–)80점 향상 목표 달성) |

【 한글의 난해함의 예 】

본 자료를 보면 동일한 음임에도 다양한 뜻을 가지며 그에 따라 선택하여 활용되어야 하는
것을 볼 수 있습니다.

대기1	무용에서, 한 발로 몸의 중심을 유지하면서 다른 쪽 발을 땅에 대는 동작
대기2	대구(大口)'의 방언(함경)
대기3	'되우'의 방언(경기, 경상)
대기4(大己)	자기보다 계(戒)를 받은 나이가 오 년 이상인 중을 높여 이르는 말
대기5(大忌)	몹시 꺼리거나 싫어함
대기6(大)	중국에서 존비귀천을 나타내던 구기(九旗)가운데 교룡(交龍)을 그린 기
대기7(大氣)	① '공기(空氣)'를 달리 이르는 말
	② 천체(天體)의 표면을 둘러싸고 있는 기체
대기8(大起)	한사리
대기9(大朞)	대상(大祥)
대기10(大期)	해산달
대기11(人旗)	대오방기
대기12(大器)	① 큰 그릇 ② 큰일을 할 만한 뛰어난 인재
대기13(大機)	① 천하의 정권 ② 중대한 계기
	③ 대승의 가르침을 들을 만한 근기(根機)
	④ 대법(大法)의 묘기(妙機)라는 뜻으로
대기14(大饑)	크게 기근이 듦
대기15(待期)	대기16(待機)
대기16(待機)	① 때나 기회를 기다림
	② 공무원의 대명(待命) 처분. 대기 발령
	③부대가 전투 준비를 마치고 출동 명령을 기다림
대기17(隊旗)	어떤 대(隊)를 나타내는 기
대기18(對棋/對碁)	맞바둑
대기19(對機)	① 설법자의 상대편. 곧 설교를 듣는 사람을 이른다
	② 선가(禪家)에서, 스승이 학인(學人)의 물음에 대답함
대기20(對)	수평 지느러미

❖ 총 28개의 뜻으로 활용되고 있으며 적합한 내용을 선택할 때 이해할 수 있다.

이해력이 현저히 떨어지는 학생의 경우 아래와 같이 전문 교재로 지도
할 필요가 있습니다.

이름 :	단원명 :	확인 :

국기에 대한 맹세   모르는 용어

1. 국기(國旗) – 일정한 형식을 통하여 한 나라의 역사, 국민성, 이
상 따위를 상징하도록 정한 기(旗)

▶ 예문 :

2. 다짐 – ① 이미 한 일이나 앞으로 할 일에 틀림이 없음을 단단
히 강조하거나 확인함
② 마음이나 뜻을 굳게 가다듬어 정함

▶ 예문 :

✻ 지도의 예

내용을 설명하고 확인한다.

3. 맹세(盟誓) – 일정한 약속이나 목표를 꼭 실천하겠다고 다짐함.

▶ 예문 : 이해 정도를 확인하기 위해 짧은 글짓기를 한다.
「아빠와 함께 아침 운동을 하기 위해 일찍 일어날 것을 맹세하였다.」

4. 대대로(代代–) – 여러 대를 이어서 계속하여

▶ 예문 :

5. 조국(祖國) – 조상 때부터 대대로 살던 나라

▶ 예문 :

6. 공동생활(共同生活) – 일정한 시간과 공간에서 여럿이 서로 도
우며 사는 생활

▶ 예문 :

7. 형성(形成) – 어떤 모양을 이룸

▶ 예문 :

❖ 성적 수준에 따라 단과처럼 매일 1~2시간씩 학원, 가정에서 학습한다.

자녀의 학습 진단이 왜 필요한가?

학습 진단의 목적

환자가 병원을 방문하면 의사의 첫 말은 "어디가 아프십니까?"라고 질문한 뒤 환자의 말을 듣고(형식적으로 듣는 듯함) 곧장 청진기로 가슴, 배 등을 대어보거나 등을 두드려 보고, 입안을 체크하거나 체온 그리고 혈압 등을 확인하면서 환자의 표정에도 관심을 가집니다. 그리고 약 처방전을 기록하거나 컴퓨터에 입력하면서 약을 드릴 테니 시간에 맞춰 드시며 주사(주사는 예전에 비해 많이 줄었지만….) 맞으시고 수분, 휴식, 평정 등 증상에 따른 처방을 해줍니다. 그러나 증상이 심하거나 원인을 파악할 수 없을 때는 큰 병원 등을 추천하면서 하는 말이 우리 병원에는 진단용 장비가 없어서 제대로 진료할 수 없다고 합니다. 치료보다 우선하는 진단, 그것은 질병을 치료함에 있어 진단이 전제 조건이라는 것을 의미하는 것입니다.

다른 분야에서 볼 때 자녀의 성적 문제도 이와 크게 다르지 않습니다.

자녀 교육의 가장 큰 문제는 외형에 나타나는 증상에 비중을 둔다는데 있습니다. 낮은 점수, 산만, 싫증, 짜증 등의 원인 파악에 비중을 두지 않고 행동, 시험 점수 등의 문제점만 지적하고 곧장 개선을 강압적으로 시키려고 하는 것이 문제입니다.

예컨대 "공부해라 공부해! 너를 위해 공부하라는 거지, 나를 위해 공부하니? 공부해서 남 주니! 공부를 못하니 네가 게으르고 산만하고, 인내심이 부족하고, 집중하지 않고, 놀고 게임하기 좋아하니 어떻게 공부를 잘할 수 있니!, 엄마가 꾸중을 하는데도 시험이 내일모레인데 정신 못 차리고 있지!" 등 자녀의 현재 문제점의 원인을 파악하려고 하기보다 현재 자녀의 행동을 보고 판단하는 경향이 많습니다.

보통 성공하는 사람이 사물의 전체, 즉 속까지 꿰뚫어 볼 줄 알고 대처하듯 훌륭한 부모는 자녀의 숨은 재능은 물론 장점과 단점을 제대로 파악하고 있으며 미래 교육을 위한 자료로 활용한다는 것입니다. 공부도 크게 다르지 않은데 우등생은 공부를 할 때 전체를 파악하려고 노력하지만 성적이 부진한 학생은 원인보다 나타난 현상만을 전부라고 생각합니다.

성공과 실패의 원인은 여기에 있다고 봅니다. 자녀의 현재는 원인에 따른 결과라고 할 수 있습니다. 자녀에게 문제가 있다면 문제 원인을 파악하고 그에 따라 대안을 마련하는 것이 무엇보다도 중요합니다.

자녀에게 무조건 공부하기를, 다음시험 성적 향상을 강요하고 또 목표치에 미치지 못한다고 추궁하고 질책을 하는 것은 사지(死地)로 내보는 것과 조금도 다르지 않습니다. 지금 책을 읽고 계시는 부모님들도 자녀의 미래를 좌우하는 공부를 위해 진단해 본적이 있습니까?

동일한 조건에서 공부하고 노력하는데 왜 성적이 향상되지 않는 걸까요? 엄마와 아빠는 공부를 잘했는데, 인내심도 많았고, 생각도 깊었고, 자제력, 대처 능력이 강했는데…. 왜! 우리 아이는 약한가?

걸핏하면 짜증내며 화를 참지 못하고, 양보심도 없고, 성적은 엉망이고…. 우리 아이의 발전 가능성은 정말 있는 것일까?

이 원인은 현재 성적과 직결되어 있습니다.

공부를 못한다는 것은 성장 과정에서 아래와 같은 요소가 결여되었기 때문이라고 생각합니다.

성장 과정 분류와 문제점 제시

1단계 과보호 (초등 입학 전 후)

십여년전 "정말 내가 알아야할 모든 것은 유치원에서 배웠어요!"라는 책이 선풍적 인기를 얻었습니다.

초등 입학 전이 자녀의 성장 과정에 지대한 영향을 미치는데 백지상태인 자녀의 인생에 밑그림을 그리는 시기이기 때문입니다. 이 시기는 부모님의 직·간접 교육 내용이 머리에 각인(刻印)되기 때문에 긍정, 부정 여부를 떠나 일생에 걸쳐 영향을 미치게 됩니다.

주로 과보호가 이루어지는 시기로 성적이 결정적으로 반영됩니다.

❶ 인내심, 문제 해결력 결여

주로 자녀를 황제처럼 받들게 되면 스스로 해결하는 능력에 문제가 발생해 인내심과 문제 해결력이 떨어져 매사를 의지하려고 하며 조금만 힘들어도 포기 하는 등 문제를 남깁니다.

❷ 학부모 존경심 결여

부모가 자녀의 요구를 많이 들어 주었을 경우 성장하면서 불만이 많아지고 나아가 부모를 무시하거나 갈등 그리고 존경심이 결여되는데 사춘기 때에 문제가 발생하면 자녀의 통제가 곤란하고 해결이 어려워집니다.

❸ 결론

출생에서 초등 입학 전까지 성장 과정을 나타내며 자녀의 미래에 결정적인 영향을 끼치는 것은 성격과 습관의 80% 정도가 과보호 과정에서 결정된다고 보며 특히 과보호는 인내심에 많은 영향을 미치기 때문에 교정이 어렵게 됩니다.

2단계 가정 환경 (초등~현재 가정에서 학습을 위한 환경 파악)

대처 능력, 진로 결정, 목표 설정, 계획성, 자신감 등이 가정 교육으로 배양되거나 결정되는 단계로 지난 가정 교육을 평가하고 문제점을 개선할 수 있습니다.

특히 진로 결정은 자녀가 철이 빨리 들게 하고, 목표 설정과 계획성은 자녀에게 동기유발을 유도하며 자신감 있는 행동을 하게합니다.

❶ 결론

초등 입학 후부터 현재까지 가정 환경 상태를 나타내는데 가정에서 자녀의 학습에 영향(긍정, 부정)을 파악하는 단계로 철이 빨리들거나,

늦게 드는 것을 결정하고 진로 결정과 성실성은 중요한 항목입니다.

3단계 학습 능력(자녀의 스스로 학습 능력과 문제점 제시)

학습 환경, 학습 태도, 학습 방법, 핵심 파악, 독해 능력 등 자녀가 스스로 학습할 수 있는 능력과 학습에 필요한 직접요소를 파악합니다.

본 단계는 대단히 중요한 단계로 성적 향상에 직접 필요한 요소인 학습 방법은 동일 시간에 성과를 높여주는데 열등생일수록 개선이 필요하며, 핵심 파악은 독서 상태를 의미하며 특히 독해 능력은 모든 학습의 기초가 되는 어휘력 상태를 파악해 성적 향상의 장애 요인이 무엇인지 알아볼 수 있습니다.

❶ 결론

자녀의 학습 능력을 파악하는 단계로 성적 향상에 필요한 요소의 결여 여부를 파악하고 대처하려는데 목적을 둡니다. 3단계 학습 능력에서는 성적 향상에 중요한 요소인 학습 태도와 학습 방법을 비롯하여 독서 상태를 점검하는 핵심 파악 능력 특히 이해력을 결정하는 독해 능력 상태를 파악할 수 있어 성적 부진의 문제점을 명확하게 알 수 있습니다.

4단계 과목별 평가

과목별 평가(국어, 영어, 수학, 과학, 사회 등 중요 과목 점수 도출)는 최근 점수 기준으로 제시됩니다.

❶ **결론**

중요 과목 점수는 1, 2, 3단계를 거치면서 만들어진 과정의 결과물이라고 할 수 있습니다. 그러므로 성적은 일순간의 노력으로 향상되기보다 인내심, 문제 해결력, 과보호, 학부모 이해도, 대처 능력, 진로 결정, 목표 설정, 계획성, 자신감, 학습 환경, 학습 태도, 학습 방법, 핵심 파악, 독해 능력 등의 결과물이라고 할 수 있습니다.

자녀의 미래를 위해 우등생이 유리한 이유는 무엇인가?

우등생 ➡ 사회 우등생(출세, 성공)

이러한 것에 대해 과거에도 현재도 논란거리가 되고 있습니다. 어떤 분들은 다양화, 다변화된 요즈음 사회에서 학교 우등생이 사회 우등생(출세, 성공)으로 가능할까에 대해 의구심을 제기하기도 합니다. 하지만 딱 잘라 단정을 지을 수는 없지만 그 성공 가능성이 월등히 많은 것은 사실입니다. 학교 우등생과 사회 우등생(출세, 성공) 공식이 일치하는 부분이 많고 학교 우등생의 대부분은 안정(의사, 판사, 공무원, 교수 등 전문직 종사)된 생활을 하기 때문입니다. 우등생과 열등생은 위에서 제시한 단계별 요소의 차이가 현격한데 열등생은 본능적으로 생활하는데 비해 우등생은 자신을 절제하고 통제할 능력을 가지고 있다는 것입니다.

다음의 내용을 비교해 보겠습니다.

▶ 미래 출세(성공) 요소

주제	정의	배양과정		우등	열등
인내심	괴로움이나 어려움을 참고 견디는 마음	▶학생 : 하기 싫은 공부를 통해 이루어지며 성적 향상에 중요한 요소로 작용한다.	▶사회 : 원만한 사회생활과 힘든 업무를 완수하기 위해 필요한 요소를 학창시절 공부하는 과정에서 배양한다.	많다	적다
문제 해결력	문제를 풀어서 결말을 지음	▶학생 : 수학 등 복잡한 문제를 풀기위해 공식, 참고서 활용, 정답 도출 과정에서 배양된다.	▶사회 : 주어진 업무 해결을 위해 꼭 필요한 사안으로 학창시절 공부를 통해 트레이닝되어 유리하다.	양호	부족
부모 존경도	높여 공경함	▶학생 : 공과 사를 가리는 엄격한 부모에게 성장하면 웃어른을 공경하는 예를 익히게 된다.	▶사회 : 상사를 존중하는 등 예의가 있어 대인관계에 유리하다.	양호	대부분 부족
대처 능력	어떤 일에 대하여 적당한 조처를 취함	▶학생 : 우등생의 경우 선생님의 질문에 답변하는 과정에서 능력이 배양된다.	▶사회 : 상사의 질문, 급한 일 등 다양한 업무를 소화한다.	양호	일부에 국한
진로 결정	앞으로 나아가는 길	▶학생 : 나의 미래를 위해 공부한다는 생각에 스스로 공부한다.	▶사회 : 내가 좋아하는 직업의 직장에서 일하게 되어 능률이 극대화 된다.	대부분 결정됨	소수만 결정됨
목표 설정	행동을 취하여 이루려는 최후의 대상	▶학생 : 우등생은 전교석차 등 목표를 설정해 공부한다.	▶사회 : 부장, 이사 등 승진 목표를 세우고 근무한다.	YES	대부분 NO

계획성	어떤 일을 함에 있어 미리 그 방법이나 절차 등을 생각하여 안(案)을 세우는 일	▶학생 : 우등생은 목표달성을 위해 실패를 방지할 수 있는 구체적인 계획을 세우는 것이 습관화된다. ▶사회 : 체계적이고 짜임새 있는 업무 계획을 수립할 수 있다.	양호	부족
자신감	자기의 바람을 믿어 의심하지 않음	▶학생 : 공부를 통해 성취감을 얻게 되어 매사에 자신을 가진다. ▶사회 : 학창 시절 성취감으로 매사에 자신감을 가지고 임하게 된다.	충만	부족
탐구력	조사하여 찾아내거나 얻어냄	▶학생 : 고난도 문제를 풀기위해 노력하는 과정에서 생성된다. ▶사회 : 회사 또는 조직의 어려운 업무를 해결할 때 도움을 받는다.	양호	일부에 국한
학습 태도	학습에 임하는 자세	▶학생 : 우등생일수록 적극적인 것은 자신이 세운 목표를 달성하기 위해서이다. ▶사회 : 학창 시절 공부하는 과정에서 적극적으로 임하는 자세가 습관화 된다.	양호	부족
학습 방법	어떤 일을 해 나가거나 목적을 이루기 위한 수단이나 방식	▶학생 : 우등생은 동일 시간대 최대의 학습 효과를 나타내기위해 노력하는 과정에서 익히게 된다. ▶사회 : 업무 처리를 하면서 몸에 익힌 방법이 효과를 나타낸다.	연구	무관심
핵심 파악	사물의 가장 중심이 되는 부분이나 요점	▶학생 : 우등생은 학습시 중요한 부분을 파악하려는 노력을 하게 되기 때문에 핵심 파악 능력이 배양된다. ▶사회 : 업무 지침, 업무 파악, 상사의 지시를 정확하게 인지한다.	양호	무관심
독해 능력	문장을 읽어 이해함	▶학생 : 공부의 기본으로 예습과 독서 등을 통해 모르는 것은 사전을 찾아보는 등 학습 과정을 통해 이해력이 월등해진다. ▶사회 : 이해력이 높아 업무 수행에 탁월한 능력을 보이게 된다.	양호	부족

자제력	자기 욕심이나 감정을 억제함	▶학생 : 순간적으로 생기는 공부 스트레스를 극복하는 과정을 반복할 때 배양된다. ▶사회 : 철야 근무, 차별, 승진 누락 등 급격한 스트레스를 유연하게 대처할 수 있게 한다.	양호	본능적
창조성	전에 없던 것을 처음으로 만듦	▶학생 : 남보다 월등한 성적을 위해 여러가지를 시도하는 과정에서 창조성이 배양된다. ▶사회 : 실적 향상, 무에서 유의 창조를 요구할 때 적응력이 높아진다.	전반적 양호	좋아하는 것만 양호
사고력	생각하고 궁리함	▶학생 : 난해한 문제를 풀기위해 여러가지 방법을 생각하는 과정에서 사고력이 배양된다. ▶사회 : 복잡하고 어려운 업무를 사고력을 통해 해결할 수 있는 능력이 생긴다.	전반적 양호	좋아하는 것만 양호
성실성	정성스럽고 참됨	▶학생 : 하루도 빠짐없이 꾸준히 계획대로 실천하는 과정에서 성실성이 길러진다. ▶사회 : 사회 생활의 기본 요소인 성실성만이라도 뛰어나면 누구에게도 인정을 받는다.	매우 양호	매우 부족

점수는 위와 같은 과정으로 도출됩니다. 갑자기 노력한다고 이루어지지 않는 이유가 바로 여기에 있습니다.

다음 페이지에 나오는 학습 환경 진단표는 필자와 아이 사랑 연구소에서 개발한 학습 진단 전문 프로그램 〈메이트〉로 진단한 초·중생 학습 진단 결과표 샘플입니다.

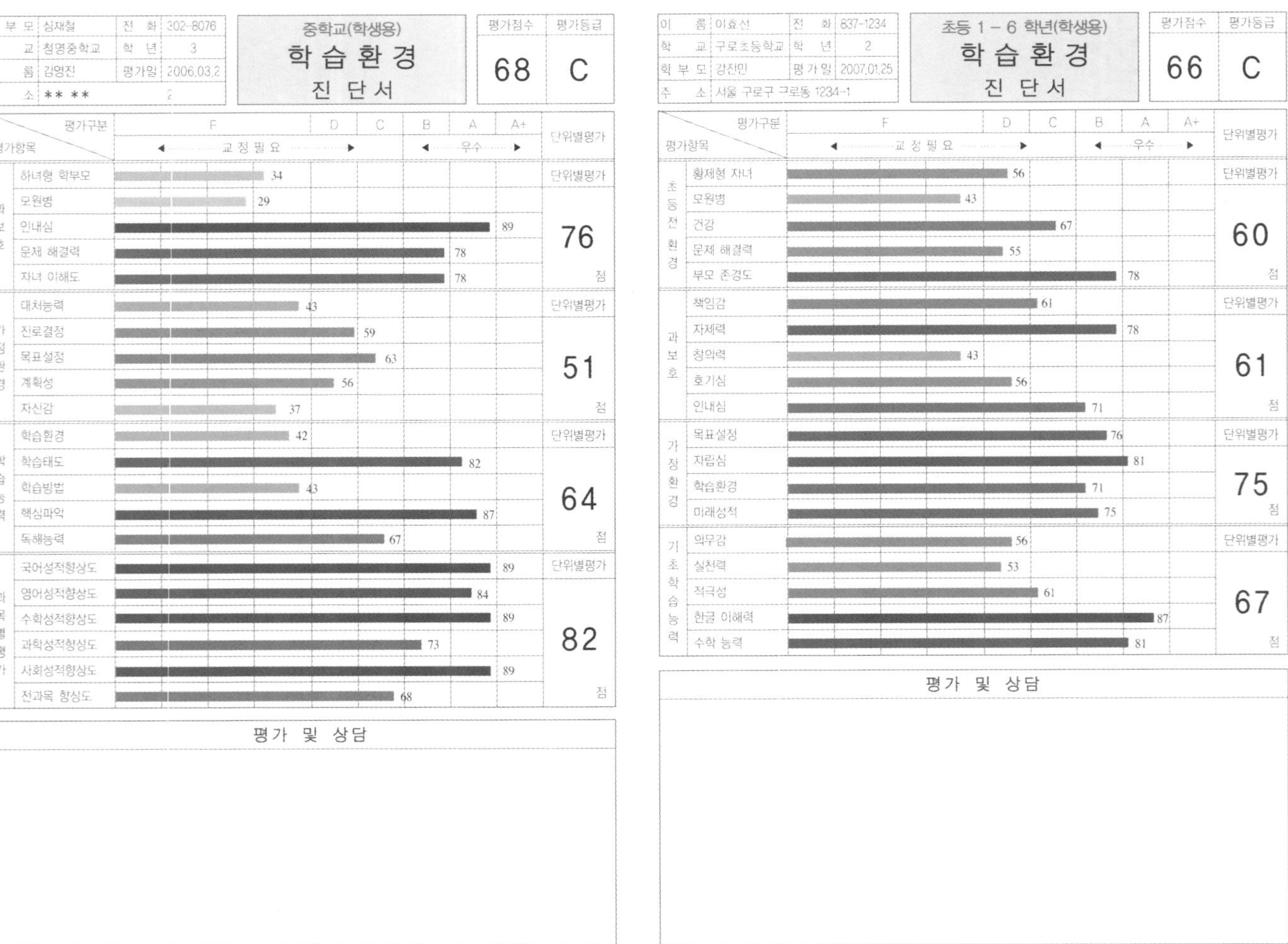

중학교(학생용)
학 습 환 경 진 단 서
평가점수 68 평가등급 C
학 부 모 심재철   전 화 302-8076
학 교 청명중학교   학 년 3
이 름 김명진   평가일 2006.03.2
주 소 ****   2
평가구분 · 평가항목 | F 교정필요 | D | C | B | A 우수 | A+ | 단위별평가
하녀형 학부모 34
모원병 29
인내심 89
문제 해결력 78
자녀 이해도 78
76 점
대처능력 43
진로결정 59
목표설정 63
계획성 56
자신감 37
51 점
학습환경 42
학습태도 82
학습방법 43
핵심파악 87
독해능력 67
64 점
국어성적향상도 89
영어성적향상도 84
수학성적향상도 89
과학성적향상도 73
사회성적향상도 89
전과목 향상도 68
82 점
평가 및 상담

초등 1~6 학년(학생용)
학 습 환 경 진 단 서
평가점수 66 평가등급 C
이 름 이효선   전 화 837-1234
학 교 구로초등학교   학 년 2
학 부 모 강진민   평가일 2007.01.25
주 소 서울 구로구 그로동 1234-1
평가구분 · 평가항목 | F 교정필요 | D | C | B | A 우수 | A+ | 단위별평가
황제형 자녀 56
모원병 43
건강 67
문제 해결력 55
부모 존경도 78
60 점
책임감 61
자제력 78
창의력 43
호기심 56
인내심 71
61 점
목표설정 76
자립심 81
학습환경 71
미래성적 75
75 점
의무감 56
실천력 53
적극성 61
한글 이해력 87
수학 능력 81
67 점
평가 및 상담

왜 어휘력이 성적 향상의 초석인가? >>> 27

어휘력의 중요성

국어는 출생에서 사망에 이르기까지 하루라도 곁을 떠날 수 없는 것으로 국어를 잘하면 그만큼 커뮤니케이션이 잘 이루어져 유리합니다. 또 국어가 모든 과목의 기초가 되는 것은 어느 과목이든 국어를 벗어날 수 없기 때문입니다.

국어는 전과목(공부 전체)의 기초라고 할 수 있는데 국어의 기초는 어휘력입니다. 즉, 어휘력은 모든 과목의 중추적인 역할을 한다고 할 수 있는데 음식에 비유한다면 요리 재료라고 할 수 있고, 국어는 요리하는 과정이라고 할 수 있으며 과목별 점수는 완성된 요리라고 할 수 있습니다. 요리 재료가 없거나 한쪽으로 편중되어 있다면 다양하고 맛있는 요리를 만들기는 당연히 어렵습니다. 아니 시도조차 할 수 없을지도 모릅니다.

이토록 어휘력이 중요함에도 그 중요성을 아는 경우는 많지 않다는 것이 문제입니다. 성적을 결정하는 핵심 요인이 어휘력에 있다고 단언하는 이유가 여기에 있습니다.

다음과 같은 내용을 통해 학부모가 직접 학습 현장에서 부딪치는 어휘의 현실을 이해했으면 좋겠습니다.

중1 과학 문제

1. 바닷물에 있는 염류의 근원에 대한 설명으로 옳지 않은 것은?
   ① 강물에 의해 육지로 이동한다.　② 바닷물이 분해되어 염류가 된다.
   ③ 대기성분 일부가 용해되어 간다.　④ 지각에 포함된 물질이 녹아들어 간다.
   ⑤ 바닷가에서 분출된 화산가스가 녹아들어 간다.

이 문제를 이해하려면 9개의 전문 용어(어휘력)를 알 때 출제자가 요구하는 정답에 접근할 수 있습니다. 자녀가 이 문제를 풀려면 먼저 문장을 이해해야 하는데 문장을 이해하기 위해서 '염류, 근원' 어휘(의미)를 알아야 하고 이를 알 때 문장 파악력이 생기며 문장을 이해할 수 있을 때 정답을 도출할 가능성이 많아지는 것입니다.

이처럼 중요한 자녀의 어휘력을 향상시키는 가장 빠르고 쉬운 방법은 흔히들 말하는 독서와 교과서 예습을 통해 이루어져야 합니다. 다른 특별한 방법이 있을까 하지만 실제로는 가장 보편적이고 누누이 강조하는 일반적인 방법이 가장 효과적입니다.

초중생으로 성적에 문제가 있을 때 교과서를 통한 어휘력 배양이 보다 유리한데, 성적이 부진한 그룹일수록 교과서를 등한시하고 문제집에 집중하는 경향이 많습니다.

어휘력 배양 방법

❶ 초등 입학 전

- 외출시 상호, 쇼핑시 진열된 상품 등을 설명하는 과정에서 지도합니다.
- 가정에서는 일상 생활에서, TV 등 대화 중 어휘를 설명하는 과정에서 익힙니다.

❷ 저학년

- 독서를 통해 모르는 낱말을 사전을 찾거나 부모님께 질문을 통해 익힙니다.
- 교과서 예습을 하는 과정에서 빠짐없이 지도합니다.
- 어휘력을 익힌 후 육하원칙에 의한 짧은 글짓기로 이해력을 높입니다.

❸ 고학년

- 교과서 예습을 하는 과정에서 빠짐없이 정확하게 익힙니다.

수년전 세미나에서 발표한 사례를 들어보겠습니다.

호주에서 유학 온 S씨는 한글을 배우기 위해 몇년 동안 고생했으나 진전이 없어 고민하던중 먼저 유학온 선배가 자신의 경험담을 거론하며 국어사전을 3년간에 걸쳐 3회 필기를 하여 말문이 트임은 물론 표준말, 문법 등 국내인을 능가하는 실력을 갖출 수 있었다고 합니다.

극상위권 진입을 위해서도 어휘력은 필수적이다

95점과 98점은 3점 차이지만 평가는 하늘과 땅의 차이입니다. 95점은 범인(凡人_평범한 사람)의 삶을 영위할 가능이 많지만 98점은 0.2%대 진입으로 전문가 규격 삶을 영위할 수 있습니다.

중3 학년이상 고학년이 성적 향상을 원할 때 사전을 수시로 탐독하는 것도 좋으며 특히 95점대에서 향상되지 않아 고민인 학생은 문장 해석이 완벽하지 않아 발생하는 경우가 많으므로 완벽한 어휘력과 국어 성적 향상에 비중을 두어 만점 가까이 접근하면 전체 성적도 정체의 상태에서 벗어날 수 있습니다.

중학교 국사 교과서를 살펴보겠습니다. 의미를 내포한 내용내 밑줄로 표시함.

삼국의 성립과 발전

신라가 한강 유역을 차지한 의미는 무엇인가?

• 진흥왕의 영토 확장은
어떻게 전개되었는가?

• 신라가 한강 유역을 차
지한 의미는?

신라의 발전

신라는 지증왕을 거쳐 법흥왕, 진흥왕에 이르면서 크게 발전하여 삼국을 통일할 수 있는 기반을 마련하였다. 지증왕 때에는 나라의 면모가 날로 새로워 지는 것에 맞추어 나라 이름을 '신라'로 정하고, 왕호를 마립간에서 중국의 칭호인 '왕'으로 바꾸어 왕권을 강화하였다. 지증왕때에는 지금의 울릉도인 우산국을 정복하였으며, 정치제도를 더욱 갖추어 나갔다. 이 밖에 전국적인 지방제도인 주·군 제도를 정하고 관리를 파견하여 다스렸다. 이것은 신라가 선진 중국 문화와 정치제도를 받아들여 중앙 집권을 강화하겠다는 의도를 나타낸 것으로, 신라 사회의 한층 발전된 모습을 보여 주는 것이다.

법흥왕 때에는 나라의 법령인 율령을 반포하고, 17관등과 모든 관리들이 입는 공복을 정하였다. 이것은 다양한 세력을 국왕의 통제 아래에 통합시킬 수 있는 계기를 마련해 주었다. 또 병부를 설치하여 군사 지휘권을 장악하였으며, 골품제를 정비하고 진골 귀족회의의 대표주자인 상대등을 두어 중앙 집권 국가의 모습을 갖추었다.

이때 '권원'이라는 연호를 사용하였는데, 이것은 중국과 대등한 나라라는 자주 의식을 나타낸 것이다. 또, 귀족세력의 반대를 물리치고 불교를 공인하여 국민의 정신적 통일을 꾀하였으며, 김해의 금관가야를 정복하여 낙동강 유역의 가야 땅으로 진출하는 발판을 마련하였다.

진흥왕의 영토확장

이렇게 국력을 강화하고 중앙 집권체제를 정비한 신라는 6세기 중반 진흥왕 때에 이르러 대외적으로 눈부신 발전을 이룩하였다. 진흥왕은 황룡사를 짓고 대규모 불교 집회를 열어 국가의 평안과 발전을

북한산 진흥왕 순수비 (국립 중앙 박물관으로 이전)

151

교과서의 문제점은 한문을 한글로 처리하여 외관상 문제점이 드러나지 않으나 그 의미 이해 여부는 알 수 없습니다(한문 105개).

三國의 成立과 發展

新羅가 漢江 流域을 차지한 意味는 무엇인가?

- 진흥왕의 領土 擴張은 어떻게 전개되었는가?

- 新羅가 漢江 流域을 차지한 意味는?

新羅의 발전

新羅는 지증왕을 거쳐 법흥왕, 진흥왕에 이르면서 크게 發展하여 三國을 통일할 수 있는 基盤을 마련하였다. 지증왕 때에는 나라의 面貌가 날로 새로워 지는 것에 맞추어 나라 이름을 '新羅'로 정하고, 王號를 마립간에서 中國의 稱號인 '王'으로 비꾸어 王權을 強化하였다. 지증왕때에는 지금의 울릉도인 于山國을 征服하였으며, 政治 制度를 더욱 갖추어 나갔다. 이 밖에 全國的인 地方制度인 主·君 制度를 정하고 管理를 派遣하여 다스렸다. 이것은 新羅가 先進 中國 문화와 政治制度를 받아들여 中央集權을 強化하겠다는 의도를 나타낸 것으로, 新羅 社會의 한층 發展된 모습을 보여 주는 것이다.

법흥왕 때에는 나라의 法令인 律令을 頒布하고, 17官等과 모든 管理들이 입는 公僕을 정하였다. 이것은 多樣한 勢力을 國王의 統制 아래에 統合시킬 수 있는 契機를 마련해 주었다. 또 兵父를 設置하여 軍事 指揮權을 掌握하였으며, 骨品制를 整備하고 眞骨 貴族會議의 代表走者인 上大等등을 두어 中央集權 國家의 모습을 갖추었다.

이때 '權原'이라는 年號를 사용하였는데, 이것은 中國과 對等한 나라라는 自主意識을 나타낸 것이다. 또, 貴族勢力의 反對를 물리치고 佛敎를 公認하여 國民의 精神的 統一을 꾀하였으며, 金海의 金官伽倻를 征服하여 落東江 流域의 伽倻 땅으로 進出하는 발판을 마련하였다.

진흥왕의 領土擴張

이렇게 國力을 強化하고 中央 集權體制를 整備한 新羅는 6世紀 중반 진흥왕 때에 이르러 對外的으로 눈부신 發展을 이룩하였다. 진흥왕은 皇龍寺를 짓고 大規模 佛敎 集會를 열어 國家의 平安과 發展

북한산 진흥왕 순수비(국립 중앙 박물관으로 이전)

【 중2 사회 교과서 】 - 자료 ❸

중위권 원생이 이해하지 못하는 용어를 표시한 자료입니다(67개 용어낱말).

위기의 중국, 개혁이냐 혁명이냐?

중국에 근대 국가가 성립하는 과정을 알 수 있다.

청 · 일 전쟁에서 패배한 청은 이후 여러 나라의 침략을 받아 큰 어려움에 빠졌다. 많은 지역이 외국에 점령당하였으며, 수많은 경제적 이권이 외국에 넘어갔고, 시장에는 외국 상품들이 넘쳐 났다.

위기에 빠진 중국인들의 대응은 여러 형태로 나타났다.

캉 유웨이를 중심으로 한 지식 계층은 정치 개혁을 주장하며 **변법 자강 운동**(1898)을 전개하였다. 이들은 한때 관직에 등용되어 의회의 설립과 관리 등용 제도의 개혁, 근대적인 학문과 상공업 진흥, 군사력 강화 등의 정책을 추진하기도 하였다. 그러나 이러한 개혁으로 권력을 잃을 것을 우려한 보수 세력과 만주족 출신들의 반발로 이 운동은 100일 만에 좌절되었다.

한편, 이 시기에는 민중의 반외세 운동이 크게 일어나기도 하였다. 초기에는 크리스트 교의 침투에 반대하여 중국의 문화적 전통을 지키려는 운동으로 전개되었지만, 점차 외세의 침략에 대한 전면적인 반대 운동으로 발전하였다. 민중의 반외세 운동은 **의화단 운동**(1900~1901)으로 발전하여 한때 베이징에까지 진출하여 서양 세력을 크게 위협하기도 하였다. 그러나 영국, 프랑스 등 8개국으로 구성된 연합군이 베이징을 점령함으로써 외세를 물리치는 데까지는 이르지 못하였다.

열강의 중국 분할. 중국의 여러 지역이 열강의 세력권에 들어감으로써, 중국은 반식민지가 되고 말았다.

변법 자강 운동 : 무술 변법이라고도 한다. 정치 제도의 개혁(변법)이 실력 양성(자강)의 밑거름이 된다는 믿음 아래 진행되었다.

위와 같이 교과서 내용이 소리글인 한글로 편집되어 주의하지 않고 읽으면 문제가 없는 듯이 생각할 수도 있습니다. 즉, 읽었으니 공부를 했다고 생각할 수 있는 것입니다.
그러나 과연 용어의 의미와 내용을 이해했다고 할 수 있을까요?
초등 교과서에도 위와 같은 용어가 교과서 내용에 분포되어 있습니다. 이 용어들을 학생들이 얼마나 정확하게 숙지하고 있으며, 지도하는 강사, 선생님들은 얼마나 비중을 두고 학생을 지도했을까요?

초등 학교 수학 교과서와 과학 교과서의 용어를 살펴보겠습니다.

초등수학 교과서 용어

自然數(자연수)	通分(통분)	等式(등식)	圓(원)
整數(정수)	角(각)	暗算(암산)	圓周(원주)
小數(소수)	角度(각도)	計算(계산)	公式(공식)
倍數(배수)	銳角(예각)	檢算(검산)	多項式(다항식)
公倍數(공배수)	鈍角(둔각)	左邊(좌변)	展開式(전개식)
最小公倍數(최소공배수)	對應角(대응각)	右邊(우변)	方程式(방정식)
約數(약수)	線分(선분)	兩邊(양변)	集合(집합)
公約數(공약수)	直線(직선)	內項(내항)	元素(원소)
最大公約數(최대공약수)	曲線(곡선)	外項(외항)	合同(합동)
函數(함수)	垂直線(수직선)	移項(이항)	平均(평균)

초등과학 교과서 용어

光合成(광합성)	兩捿類(양서류)	溶液(용액)	血液(혈액)
光速度(광속도)	爬蟲類(파충류)	液化(액화)	白血球(백혈구)
光年(광년)	物質(물질)	溶媒(용매)	赤血球(적혈구)
可視光線(가시광선)	物體(물체)	溶質(용질)	火山(화산)
空氣(공기)	生物(생물)	溶解(용해)	發火(발화)
氣壓(기압)	動物(동물)	磁石(자석)	消火(소화)
氣化(기화)	植物(식물)	磁氣場(자기장)	共鳴(공명)
氣體(기체)	微生物(미생물)	電流(전류)	慣性(관성)
水蒸氣(수증기)	混合物(혼합물)	電解質(전해질)	屈折(굴절)
濃度(농도)	分子(분자)	公轉(공전)	反射(반사)
密度(밀도)	分解(분해)	自轉(자전)	細胞(세포)

한글을 잘 모르면 성적이 부진하다? >>> 28

한글의 중요성

당연한 말이겠지만 한글을 모르면 공부 자체가 불가능합니다. 한글을 모른다는 것은 내용의 이해가 전혀 되지 않기 때문이고 한글은 공부의 출발선이기 때문입니다. 성적 부진의 결정적인 이유가 한글과 사고력 부족에 원인이 있다고 강조하면 많은 학부모들은 거의 믿지 못하거나 늘 사용하고 있는 한글이 어렵다고 생각하지 않는다는 것입니다.

그렇다면 한글을 읽고 쓰는데 어려움을 겪지는 않는다는 것인데 한글을 읽고 쓰기만 하면 되는 것인가요?

수년전 교육과학기술부의 발표를 보면 초등학교를 졸업하는 학생 중 한글을 제대로 읽고 쓸 줄 모르는 학생이 학교 당 20여 명(전국 7만여 명)이 되며 중학교에도 상당수 있다고 하였습니다. 이 통계에 포함되지 않는 학생과 내용의 뜻을 정확히 모르는 학생을 포함한다면 훨씬 많은 학생이 한글을 제대로 알지 못해 곤혹을 치르고 있는 것이 바로 지금의 현실입니다. 이것은 우리 교육의 문제점을 다시 한 번 일깨워 주는 것이라고 할 수 있습니다.

왜 한글의 문제가 심각한가?

외형적으로 잘 읽고 잘 쓰면 한글을 잘 알고 있다고 생각하는데 바로 이것에 문제가 있는 것입니다. 잘 읽고 잘 쓰더라도 뜻을 알고 있지 못하면 당연히 문장을 이해하지 못하기 때문입니다.

초기 교육 단계인 초등학교에 입학하면 자음, 모음을 몇 번 익히는 것으로 종료하고 곧장 문장으로 들어가는 것은 대부분 한글 정도는 알고 입학했을 것이라는 생각으로 지도에 많은 비중을 두지 않는 경우가 다수를 차지합니다. 특히 뜻도 모르고 앵무새처럼 읽고 쓰기를 흉내 내는 방법으로 학습해 온 학생은 심각한 상태에 빠집니다.

더 큰 문제는 초등 2~3년은 문제점이 외형적으로 거의 나타나지 않는다는 것입니다. 최근에는 예전처럼 학교에서 시험보는 횟수가 많지 않아 수준을 파악해 볼 기회를 갖지 못하며, 설혹 기회가 있다 하더라도 그림으로 질의하거나 선생님이 문제를 불러 줍니다. 그리고 수학은 사칙연산 형태의 계산이 주류를 이루기 때문에 파악에 어려움을 가중시킵니다. 공부가 본격적으로 시작되는 초등 4학년 경에야 서서히 문제가 도출됩니다.

한글을 제대로 모르고 공부를 하는 것은 장님이 혼자 낯선 길을 가는 것과 조금도 다를 바 없습니다. 좋은 학습 프로그램과 양질의 강의도 용어나 낱말을 이해하지 못하고 있다면 생소한 외국어로 강의를 듣는 것이나 크게 다를 것이 없다는 것이지요. 자녀의 학교 입학 후 공부가 본격적으로 시작되는 시점에 이 문제를 알았을 때는 그 동안의 학습 결손이 너무 많다는 것을 생각해 보십시오.

【 신문 기사 스크랩 】- 자료 ❶

30점짜리 국어실력

한국인의 국어실력이 형편없는 것으로 드러나 충격을 주고 있다. 문화관광부가 서울대 민현식 교수에게 의뢰해 조사한 바에 따르면 한국인의 국어실력은 1백점 만점에 30점에 불과하며 최고 명문대라 할 서울대 인문대 학생마저 34점, 24점에 그쳤다. 그것도 확률적으로 50점을 얻을 수 있는 양자택일 문제에서 나온 점수여서 더욱 당혹스럽다.

이런 결과는 인터넷 문화의 확신에 기인하는 측면이 있다. 인터넷 통신에서 '~해여' '졸라' '엽기' 등 맞춤법을 일부러 틀리게 사용하거나 새로운 조어를 만들어 내는 등 규범언어를 왜곡하는 일이 다반사로 벌이지고 있다. 영어교육 열풍도 국어 소홀의 한 원인이 되고 있다. 정작 필요한 영어는 제대로 교육하지 못하면서 중요한 우리 말과 글을 잃어가고 있는 것이다.

이런 흐름은 지속될 것으로 보인다. 1995년 조사에 비해 이번에 무려 20점이 떨어진 것도 이런 경향을 보여준다. 그렇다고 불가피한 정보화·세계화만을 탓할 수는 없다. 오히려 이에 적극적으로 대응하기 위한 새로운 국어교육을 준비해야 한다. 우선 읽기·쓰기·말하기·듣기를 기초부터 체계적으로 교육하는 프로그램을 마련하는 등 국어교육이 근본적으로 바뀌어야 한다. 미국의 경우 글쓰기 기초를 탄탄히 다지기 위해 대문자·종지부를 사용하는 훈련만으로 초등학교 1년을 보낸다. 그러나 우리 교육은 조기교육과 과외열풍에 들떠 있으면서도 정작 중요한 기초를 외면한 채 점수 얻기에만 급급하고 있다. 아울러 논술시험도 적극 확대해야 한다. 논술시험의 부정적 측면이 없지 않지만, 그나마 읽고 쓰기 능력을 배양하는 데 상당한 도움이 됐던 것이 사실이다.

우리 사회는 계층간·세대간 갈등이 심각하다. 이런 마당에 언어마저 계층간·세대간으로 달라져 생각을 공유할 공통의 말과 글이 사라진다면 우리 사회의 통합과 정체성을 찾는 길은 막막할 따름이다. 사회통합의 관점에서도 국어교육의 근본적 수술이 필요하다.

[2002년 1월 19일 중앙일보 사설 발췌]

국어의 경우도 단순히 읽는 것만으로 해결될 수 없다는 것을 본 자료의 일부로 확인할 수 있습니다(순 우리말 뜻과 한문이 혼재되어 있음.).

(가) 벗아! 어서 나와
해바라기 앞에 서라

해바라기꽃 앞에 서서
해바라기꽃과 해를 <u>견주어</u> 보라.

끓는 해는 못 되어도
가슴에 해의 넋을 지녀
해바라기의 꿈은 <u>붉게 탄다.</u>

햇살이 불처럼 뜨거워
불볕에 눈이 흐리어
보이지 않아도, 우리 글이
해바라기 앞에 서서
해바라기처럼 해를 보고 살지니,

벗아! 어서 나와
해바라기꽃 앞에 서라.　　　〈1-2, 3-(3) 해바라기〉

1. (가)의 설명으로 적절하지 <u>않은</u> 것은?

　① <u>색채</u>의 <u>대비</u>를 통해 <u>주제</u>를 형상화하고 있다.

　② 광명의 세계를 이루기 위한 <u>소망</u>을 담고 있다.

　③ 반복된 <u>시구</u>를 통해 <u>화자</u>의 강한 <u>신념</u>을 드러내고 있다.

　④ 명령형 <u>어미</u>에서 적극적이고 <u>단호</u>한 <u>의지</u>를 느낄 수 있다.

　⑤ '해바라기'를 통해 삶의 태도를 상징적으로 보여 주고 있다.

(나) 길동이 점점 자라 팔 세(八歲)<u>되매</u>, <u>총명</u>(聰明)이 <u>과인</u>(過人)하여 하나를 들으면 백(百)을 통하니, <u>공</u>(公)이 더욱 <u>애중</u>(愛重)하나, 근본 천생(根本賤生)이라 길동이 <u>매양</u> 호부 호형(好否呼兄)하면, 문득 꾸짖어 못 하게 하니, 길동이 십세 넘도록 감히 <u>부형</u>(父兄)을 부르지 못하고, ㄹ<u>비복</u>(婢僕) 등이 <u>천대</u>(賤待)함을 각골통한(刻骨痛恨)하여 <u>심사</u>(心思)를 <u>정</u>(定)하지 못하더니, 추구월(秋九月) ㅁ <u>망간</u>(亡間)을 당하매, <u>명월</u>(明月)은 <u>조요</u>(照耀)하고 청풍(淸風)은 <u>소슬</u>(瀟瑟)하여 사람의 <u>심회</u>(心懷)를 돕는지라, 〈홍길동전〉

2. (나) 글의 <u>시점</u>을 바르게 <u>제시</u>한 것은?

　① 내가 주인공으로 나 자신의 이야기를 말한다.

　② 작가가 <u>전지전능</u>한 상과 같은 위치에서 <u>서술</u>한다.

　③ 주인공 자신의 <u>미묘</u>한 <u>심리</u> 변화를 직접 드러내 준다.

　④ 서술자가 <u>객관적</u> 위치에서 대상을 보이는 대로 관찰한다.

　⑤ 내가 관찰자의 위치에서 소설 속의 다른 인물의 <u>행위</u>나 사건 등을 <u>관찰</u>하여 말한다.

벗아	햇살	넋	지녀	불볕	적절	색채	대비	주제	광명	소망	반복	시구
화자	신념	어미	단호	의지	되매	총명	과인	백(白)	공(公)	애중	매양	부형
비복	천대	심사	정	망간	명월	조요	청풍	소슬	심회	시점	제시	서술
				미묘	심리	대상	관찰	행위				

【 중1 과학 문제 및 전문 용어 】- 자료 ❸

과학 1문제를 푸는데도 수 십개의 전문 용어와 어휘를 이해해야 정답을 낼 수 있습니다.

중1 과학 문제

1. 다음 중 바닷물의 성분에 대한 설명으로 옳지 않은 것은?

① 염분은 계절에 따라 달라진다.
② 염화 나트륨은 염류 중 가장 많다.
③ 세계 모든 바다의 염분비는 같다.
④ 전 세계 해수의 평균 염분은 35%이다.
⑤ 적도 지역 바닷물의 염분이 가장 높다.

2. 바닷물에 있는 염류의 근원에 대한 설명으로 옳지 않은 것은?

① 강물에 의해 육지로 이동한다.
② 바닷물이 분해되어 염류가 된다.
③ 대기성분의 일부가 녹아 들어간다.
④ 지각에 포함된 물질이 녹아들어 간다.
⑤ 바닷가에서 분출된 화산 가스가 녹아 들어간다.

❖ 위의 두 문제를 이해하기 위한 필요한 전문 용어

▶성분　화학물이나 혼합물을 구성하는 각각의 원소나 순물질(純物質)
화합물(化合物) : 둘 이상의 물질이 화합하여 일정한 조성을 이룬 물질

▶염분(鹽分)　바닷물 따위에 함유되어 있는 소금기
함유(含有) : 물질이 어떤 성분을 포함하고 있음

▶염화-나트륨　독일어) 소금의 화학적 이름. 흰색의 결정으로 물에 녹으며, 생물체 내에서 중요한 생리 작용을 한다. 조미료, 혼합 냉각제, 화학 공업의 원료 따위로 쓴다. 화학식은 NaCl.
결정(結晶) : 원자, 이온, 분자 따위가 규칙적이고 주기적으로 일정한 법칙에 따라 배열되고, 외형도 대칭관계에 있는 몇 개의 평면으로 둘러싸여 규칙 바른 형체를 이룸.

▶염류(鹽類)　염분이 들어 있는 여러 가지 물질의 종류
▶염분비(鹽分比)　바닷물 따위에 함유되어 있는 소금기의 비율
▶해수(海水)　바닷물.
저위도인 적도 근해의 해수 온도는 한낮이면 거의 30도까지 상승
▶적도지역(赤道)　위도의 기준이 되는 선.

지구의 남북 양극으로 부터 같은 거리에 있는 지구 표면에서의 점을 이은 선이다. 지구의 중심을 지나는 자전축에 수직인 평면과 지표와 교차되는 선으로 춘분과 추분때 태양이 바로 위를 지나간다.

▶근원(根源)　사물이 비롯되는 근본이나 원인
압록강의 근원은 백두산이다. 생명의 근원 / 소문의 근원

▶분해(分解)　여러 부분이 결합되어 이루어진 것을 그 낱낱으로 나눔.
이 집은 조립식이라 필요에 따라 조립과 분해가 가능하다.

▶대기성분(大氣成分)　공기(空氣)에 함유된 여러 가지 요소
▶지각(地殼)　지구의 바깥 쪽을 차지하는 부분.
대륙 지역에서는 평균 35km, 대양지역에서는 5~10km의 두께이다. ≒ 땅껍질

▶분출(噴出)　액체나 기체 상태의 물질이 솟구쳐서 뿜어 나옴.
천연가스의 분출 / 온천의 분출

▶화산 가스(火山gas)　화산에서 분출하는 가스, 수증기가 대부분이며 그 밖에 이산화탄소, 이산화황, 수소, 질소, 황화수소 따위로 이루어 진다.

한글을 잘 모르면 성적이 부진하다 ?

본 자료는 도덕 교과서 찾아보기란 부분을 발췌한 것으로 도덕에서도 대부분 의미 전달을 우리글보다 한문과 밀접한 관계를 가지고 있다는 것을 알 수 있습니다. 일단 한문을 일정 수준에까지 익히지 않으면 이해력에 중대한 결함을 가져온다는 것을 알 수 있습니다.

국어를 잘하는
열등생은 없다?

>>> 29

국어의 비중

학부모들은 이구동성으로 성적을 강조할 때 의례 국어보다 영어, 수학을 꼽습니다. 학습에서 영어, 수학이 그토록 많은 비중을 차지하는 것일까요? 그것은 아마도 극상위권을 진입하려는 아이는 이미 영어, 수학을 제외한 과목은 문제가 되지 않는 수준에 올라 있고 극상위권 진입이 영어, 수학으로 결정하게 만든 구조 때문일 것입니다. 간혹 수학은 월등히 잘해도 암기 과목 등 전체 과목에 문제가 있는 학생이 간혹 있는 반면, 국어가 95점 이상인 학생의 경우 수학은 몇 점 뒤질 수 있어도 전체 성적은 상위권을 유지합니다.

왜 그럴까요? 그것은 이해력이며 과목으로 구분한다면 국어가 영향을 미치는 것이 아닐까요? 국어는 타 과목과는 달리 단순 암기가 아닌 저자의 숨은 뜻을 문장에서 찾거나 비유법을 많이 활용하기 때문이라고 생각합니다.

국어 성적이 우수하면 왜 전 과목에서 우수한 성적을 나타나는지 원인을 파악해 보겠습니다.

국어의 특징은 다음과 같습니다

❶ 국어는 내용을 그대로 해석하지 않고 저자의 의도를 파악하기 위해 상당한 사고력과 인내심 그리고 배경 지식을 요구한다

❷ 국어는 주로 비유법을 활용해 문장을 구성하므로 저자의 의도를 파악하기 위해서는 일상 용어는 물론 전문 용어까지 익혀야 한다

❸ 국어에 많은 일상 용어 및 전문 용어는 전 과목 이해를 위한 공통 지식 능력을 배양해 준다

그에 비해 타 과목은 비유법, 암시 등의 내용은 전무하기 때문이 아닐까요? 타 과목은 암기 즉, 문장 그대로 숙지하면 되는 경우가 다수를 차지하므로 국어만 잘하면 타 과목 강의는 쉽게 이해할 수 있는 것입니다.

국어가 전 과목 교과서에 차지하는 비중

❶ 국어 교과서는 한글(소리글)이며 강의 역시 한글로 강의하는데 국어를 소홀히 해도 적당히 성적이 나오는 과목이 국어라고 생각한다

❷ 성적이 좋지 않은 학생들의 대부분은 이해력이 크게 부족하다

❸ 국어 성적이 80점이라면 암기 과목은 물론 전체 성적 역시 80점을 넘지 못하는 경우가 많은데 당연한 결과이다

❹ 전 과목 교재의 문장을 이해하기 위해서는 낱말(영어는 단어)과 일상 용어 및 전문 용어를 알아야 한다

국어 성적이 좋다는 것은 낱말의 이해력과 활용 능력, 문장을 읽고 이해하는 정도, 낱말과의 관계를 예측하는 능력이 높다는 것으로 전체 내용을 얼마나 정확하게 간파하느냐로 판가름 나게 됩니다.

그러므로 기본적인 낱말과 전문 용어를 모르면 국어 성적이 낮아지고, 국어를 못하면 전 과목에 걸쳐 이해가 부족해 강의 내용을 기억하는 능력이 현저히 떨어지게 됩니다. 그러므로 국어는 전 과목 성적을 좌우하는 중요한 과목임을 잊어서는 안 됩니다.

즉, 성적 향상은 이해가 필수이며 이해력의 바탕은 어휘력입니다. 어휘력에 문제가 있다면 성적 향상은 불가능합니다. 이토록 중요함에도 국어에 비중을 두지 않는 이유가 무엇일까요?

그만큼 현재 학습 프로그램이 국어는 문제가 없는 상위권 위주로 운영되는 것을 알 수 있는데 상위권 학생의 대부분은 이미 국어는 타 과목을 이해하는데 기본적으로 문제가 없을 정도로 기본 실력이 있기 때문입니다. 중위권 학생의 경우 먼저 국어 성적을 95점대로 향상시키는 노력이 선행되면 흐름이 중시되는 영어, 수학은 물론 대부분의 과목이 상위권으로 진입하게 됩니다.

또한 국어 문제를 해결하지 않으면 강의는 물론 친구와의 커뮤니케이션이 이루어지지 않아 친구에게 '바보 취급, 왕따, 머리에 이상이 있는 저능아 취급'을 받는 등 학교 생활에도 적응하지 못하고 나아가 사회 생활에서도 적응하지 못하는 문제가 발생하게 됩니다. 즉, 회의 또는 업무 전달, 사적인 대화 등에서 커뮤니케이션이 이루어지지 않아 심각한 문제가 발생할 수 있습니다. 모국어인 국어에 비중을 두어야 하는 것은 성적 향상에도 절대적으로 필요하지만 자국에서 사회 생활을 하며 더불어 살아가기 위해서 더욱 필요합니다.

이해력(어휘력)이 부족하면

- 유년시절에는 또래 아이들과 놀기보다 자신과 말이 통하는 나이가 적은 어린애들과 어울리고 수개의 어휘만으로 의사소통을 하려고 합니다. 어휘 구사력이 뛰어난 친구는 물론 정상적인 수준의 아이들도 커뮤니케이션이 이루어지지 않아 답답하다며 놀기를 꺼려하게 되고 어휘력이 약한 비슷한 수준의 아이들과 친구가 되는 것입니다.

- 유년시절 어휘력을 보충해 주지 않으면 이해(어휘력) 부족으로 (학창시절) 중, 고생이 되어도 말귀를 알아듣지 못하는 바보라며 친구들로 놀림을 받고, 왕따를 당하고, 외계인이라는 별명이 붙는 등 바보취급을 받기도 하며, 학교 성적은 최하위권을 벗어나지 못하게 되는 것입니다.

- 사회인이 되어서도 회의시 이해(어휘력)부족으로 회의 내용과 핵심 파악을 하지 못해 활발한 토론도 불가능하고 질문을 하지도, 상사나 동료의 질문에 제대로 답변을 하지 못하고 지시사항도 제대로 파악하지 못해 낭패를 당하며 위의 사안이 반복되다 보면 무능력자로 몰려 해고를 권유받거나 해고 1순위에 오를 수 밖에 없게 되어 심각한 문제를 만듭니다.

초등부 어휘력 테스트

번호	용 어	O, ×	해 설	점수
1	화려(華麗)			
2	주변(周邊)			
3	맴돌다			
4	정의(正義)			
5	학문(學問)			
6	인품(人品)			
7	존경(尊敬)			
8	갯벌			
9	긍정(肯定)			
10	기본(基本)			
11	선행(善行)			
12	옥신각신			
13	온순(溫順)			
14	습관(習慣)			
15	독후감(讀後感)			
16	선비			
17	요약(要約)			
18	적합(適合)			
19	기숙사(寄宿舍)			
20	적절(適切)			
21	번식(繁殖)			
22	가장자리			
23	반사(反射)			
24	매연(煤煙)			

평가내용 : 초4 도덕, 국어, 사회 교과서에서 낱말, 전문용어 발췌 / 정답 :   점 / 평가 : 상· 중 ·하

한자의 비중

한글을 배제하고 한자를 주로 사용하는 문제는 예전부터 교육 학자들의 논쟁거리였고 현재도 크게 다르지 않습니다. 한자가 필요하지 않다는 그룹과 소리글인 한글에서는 한자를 빼면 의사소통이 되지 않는다고 주장하는 그룹으로 나누어집니다. 한자는 역사 이래로 오랜 세월동안 사용해왔으나 70년 중반부터 찬반양론으로 나뉘기 시작했고 한동안 신문도 한글 전용으로 바뀌었으나 수년전부터 의미가 있는 낱말은 한자도 동시에 표기하고 있습니다.

왜 그럴까요? 수많은 논쟁 끝에 사라진 한자가 왜 신문에 다시 등장한 것일까요?

한자가 신문에 등장한 것은 주로 논설, 논평 등 전문 분야에 비중이 많습니다. 전문 분야에서는 한글만으로는 의사전달이 원만하지 않기 때문이 아닐까요. 교과서는 전문 영역의 기초에 속하며 소리글인 한글은 동물의 울음소리 등 외향적인 표현은 우수하지만 의미를 전달하는데 한계가 있습니다.

한자가 자녀의 성적에 미치는 영향은 어느 정도나 될까요? 다양한 접근이 가능하겠지만 단편적으로 교과서 내용을 분석하면 곧장 결론에 도달하게 됩니다.

또한 어휘력을 테스트한 결과를 보면 우등생과 열등생의 차이를 확연하게 느낄 수 있습니다. 일부 학자들의 주장을 보면 한자를 몰라도 아이들이 동화책을 보는데는 문제가 없다고 합니다. 언뜻 보면 주장이 옳은 듯하나 내용을 자세히 살펴보면 동화책, 소설책 안에는 생활 용어가 대부분이며 꼭 필요한 전문 용어는 가능한 풀어서 이해가 쉽도록 배려하였고 특히 깊고 의미가 있는 것은 삽화를 이용하는 등의 방법으로 구성되어 있습니다.

위와 같이 대부분의 교재가 의미를 내포하는 것은 한자를 알고 있을 때 이해할 수 있는 내용으로 구성되어 있어 한자를 모르는 상태에서의 학습이란 불가능하다고 할 수 있습니다.

수년전 모 대학 학장님의 교육 세미나에 참석했는데 의미 깊은 내용을 들을 수 있었습니다. 내용인즉, 학장님 자신의 IQ는 94에 불과하지만 전교 1등을 놓친 적이 없다고 하는 말씀에 주위는 쥐죽은 듯 조용했습니다. 이어서 하신 말씀이 "저는 국민(초등)학교 입학 전 아버님께 6개월간 종아리를 맞으면서 한문 1,800자를 익혔는데 그 당시는 영문을 몰랐고 무섭게 대하시는 아버님이 원망스럽기까지 했다"라는 것입니다.

그러나 초등학교에 입학 후 선생님이 강의하는 내용 중 이해가 되지 않는 것은 하나도 없었고 있다고해도 질문으로 궁금증을 해결할 수 있었다는 것입니다. 그 결과 1등은 항상 자신의 차지가 되었고 어느 듯 공부를 하는 것이 즐겁고 항상 칭찬을 들을 수 있었으며 대부분 학교에서 공부하는 것만으로 부족하지 않았고 집에서는 숙제만 했었다는 것입니다.

정말 자녀가 우등생이기를 원한다면 노력한 만큼 성적 향상이 되기를 원한다면 한문 공부를 우선시하라는 말씀이 지금도 생생합니다.

과학, 도덕, 국사 등은 사회생활에 필요한 경우가 많지 않으나 특히 한문은 오히려 성인이 되어서 더욱 필요합니다. 그러므로 원만한 사회생활을 위해서도 한문 익히기는 필수적이라도 할 수 있습니다.

한문 학습 방법

❶ 매일 일정한 계획에 따라 꾸준히 학습한다

❷ 예습할 때 모르는 한문은 사전을 찾거나 백과사전을 이용하고 여의치 않으면 질문한다

❸ 강의시 교과서 빈 곳에 한문 해설을 기록하거나 질문 내용을 기록한다

❹ 수준별 학습 방법

초등학생 – 고사성어 이야기. 교과서 한문 공부, 일일 학습지 등을 참고합니다.

중·고생 – 교과서의 한문을 집중적으로 익힙니다. 예습하는 과정을 통해 교과서의 한문을 익힌 후 강의를 듣게 되면 강의에 대한 이해의 폭이 극대화 됩니다.

중 1·2 어휘력 테스트

번호	용 어	O, ×	해 설	점수
1	과잉(過剩)			
2	온화(溫和)			
3	주거(住居)			
4	대여(貸與)			
5	배격(排擊)			
6	잉여(剩餘)			
7	수긍(首肯)			
8	비옥(肥沃)			
9	망각(忘却)			
10	겸양(謙讓)			
11	경이(驚異)			
12	관용(寬容)			
13	도리(道理)			
14	혼돈(混沌)			
15	양자(養子)			
16	정의(正義)			
17	진취적(進取的)			
18	탐욕(貪慾)			
19	편견(偏見)			
20	소외(疎外)			
21	부식(腐植)			
22	취업(就業)			
23	성취(成就)			
24	봉양(奉養)			

평가내용 : 중1 도덕, 국어, 사회 교과서에서 발췌　　/　　정답 :　　점　　/　　평가 : 상· 중 ·하

지금 다니고 있는 **학원과의 궁합**은?

다음의 설문은 부모님이 자녀에게 성적 향상을 할 수 있는 교육과 가정 환경 형성 여부를 파악하기 위한 설문입니다. 느끼고 생각하시는 대로 기재하시면 됩니다.

오래 생각하면 결과가 왜곡될 수 있으며 순간적으로 스친 것이 정답일 가능성이 많으니 참고하시기 바랍니다.

❶ 현재 수강중인 학원(개인 지도)에 수강을 하게 된 동기는?

   1) 부모님 강요 때문에   2) 친한 친구가 있어서   3) 내가 결정했다.

❷ 현재 수강중인 학원이 다른 학원에서 공부할 때보다

   1) 너무 힘들어 한다.   2) 비슷하다고 한다.   3) 재미있다고 한다.

❸ 강사의 아이 공부에 대한 상담을 한 정도는?

   1) 전혀 없다.   2) 기억나지 않는다.   3) 자주 한다.

❹ 경영자의 학부모 상담은

   1) 전혀 없다.   2) 등록이 늦을 때 한다.   3) 1개월에 1회 정도 하는 편이다.

❺ 학원에서 성적 향상을 위해 부모님에게 요구하는 정도는?

   1) 전혀 없다.   2) 초기에는 했다.   3) 귀찮을 정도로 요구한다.

❻ 결석 지각시 연락하는 정도는?

   1) 전혀 없다.   2) 가끔 할 때가 있다.   3) 꼭 해준다.

❼ 성적 부진시 강사 또는 경영자의 사과 또는 대안 제시는?

   1) 전혀 없다.   2) 기억나지 않는다.   3) 학원 방문을 요청해 상담하기도 한다.

❽ 성적이 부진해 짜증을 내거나 항의를 하면?

   1) 주로 아이 탓을 하고 구체적인 대안 제시는 하지 않는다.
   2) 얼버무리는 경우가 많고 구체적인 대안 제시는 하지 않는다.
   3) 사과를 하고 대안을 제시하며 다음 시험 때는 실망시키지 않겠다는 약속을 한다.

❾ 아이가 학원에 정규 시간 보다

   1) 항상 늦게 간다.   2) 늦지는 않는다.   3) 항상 빨리 간다.

❿ 귀가시 학원에서 있었던 일을

   1) 질문해도 얘기하지 않는다.   2) 가끔 한다.
   3) 좋았던 일 특히 선생님에 대해 많이 얘기한다.

⓫ 과제물 미비로 학원 선생님에게 협조 요청을 받은 적이

   1) 상당히 많다   2) 가끔 있다.   3) 전혀 없다.

⓬ 아이가 과제물이 많다고 불평을 하는 정도는?

   1) 전혀 없다.   2) 가끔 있다.   3) 상당히 많다.

⑬ 자녀의 선생님에 대한 평가는?

1) 부정적이다.   2) 모르겠다.   3) 아주 긍정적이다.

⑭ 현 학원에 1년 이상 수강의 경우 성적 상태는?

1) 변화가 없다.   2) 조금 올랐다.   3) 상당히 많이 올랐다.

⑮ 자녀에게 학원을 점수로 평가하게 한 결과?

1) 59점 이하   2) 60~79점 이상   3) 80~95점 이상

⑯ 자녀에게 학원 생활 중 싫어하거나 괴롭히는 친구가?

1) 많이 있다   2) 몇 명 있다   3) 전혀 없다.

⑰ 학원에서 선생님에게 차별 한다고 불평하는 말을 들은 적이

1) 많다   2) 몇 번 있었다.   3) 전혀 없었다.

⑱ 자녀의 학원 선생님에 대한 평가는

1) 좋지 않다.   2) 모르겠다.   3) 우호적이다.

⑲ 선생님을 부정적으로 평가하는 이유

1) 화를 잘 내고 자주 체벌해서   2) 인격적으로 대해주지 않아서
3) 강의 내용이 이해가 잘 안되어서

⑳ 국어 강의 이해정도를 자녀에게 질문해 보니

1) 50% 이해한다고 한다.   2) 85% 이하 이해한다고 한다.
3) 86% 이상 이해한다고 한다.

㉑ 평상시 학원에서 자녀에게 보충해주는 정도는?

1) 전혀 없다.   2) 조금 있었다.   3) 아주 많다.

㉒ 자녀가 학원 수강에 대한 생각은?

1) 자주 중단을 요구한다.   2) 생각 중이다.   3) 요구하지도 않고 중단할 생각도 없다.

㉓ 자녀의 중단의 이유로 내세우는 것은?

1) 성적이 향상되지 않아서   2) 학원 분위기가 산만해서   3) 수강료가 비싸서

㉔ 자녀를 부모님이 아이의 학원의 장기 수강을 설득할 자신은?

1) 없다.   2) 반반이다.   3) 충분히 가능하다.

【 설문 답안지 작성 및 평가 방법 】

❶ 설문 답안지 작성법
  • 설문지를 읽고 자신에게 해당되는 사항을 답안지에 기록합니다.
  • 채점 방법은 1문제 4점 기준이 되며 1)은 0점, 2)번은 1점, 3)번은 3점으로 채점합니다.
  • 점수란의 점수를 합산 총점으로 평가합니다.

▶ 답안지

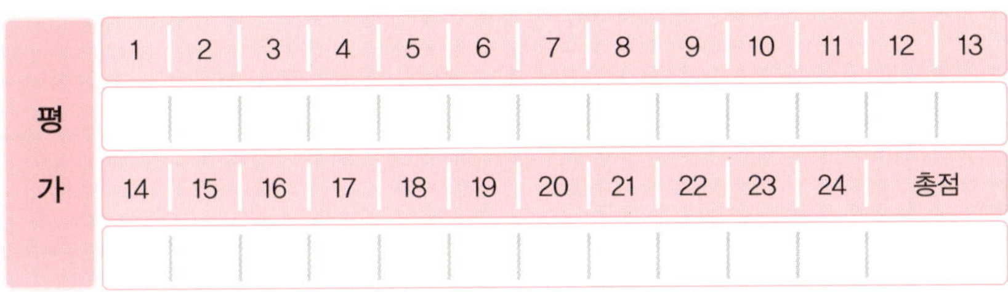

1	2	3	4	5	6	7	8	9	10	11	12	13

14	15	16	17	18	19	20	21	22	23	24	총점

❷ 평가기준
  • 85점 이상 – 자녀의 성적 향상에 매우 긍정적이므로 수개월이내 성적이 향상될 가능성이 많으므로 학원 선택은 무난하다고 할 수 있습니다.
  • 75점 이상 – 현재 성적 유지 또는 미미한 성적 향상이 가능할 수 있으므로 빠른 성적 향상을 원한다면 학원 선택(사교육)에 고민할 필요가 있습니다.
  • 75점 이하 – 현재 학원에서는 원하는 성적 향상이 불가능할 가능성이 많으므로 학원을 옮길 필요성이 있습니다.

>>> **32**

나는
우등생 부모일까?

우등생 부모가 되려면

다음의 설문은 부모님이 자녀에게 우등생이 될 수 있는 교육과 가정 환경 형성 여부를 파악하기 위한 설문입니다. 느끼고 생각하시는 대로 기재하시면 됩니다.

오래 생각하면 결과가 왜곡될 수 있으며 순간적으로 스친 것이 정답일 가능성이 많으니 참고하시기 바랍니다.

❶ 아이가 우등생이 될 수 있다고 생각하는 이유는?

1) 공부양이 많아서   2) 아이가 장담하니까   3) 공부를 스스로 하니까

❷ 아이와 대화를

1) 거의 하지 않는다.   2) 가끔 한다.   3) 자주하는 편이다.

❸ 공부를 하는 것은 '자신을 위해서' 라고

1) 생각 하지 않는다.   2) 생각할 때도 있다.   3) 생각한다.

❹ 어려서 힘들어 하는 일이 있으면

1) 항상 도와주었다.   2) 대부분 도와주었다.   3) 도움을 준적이 별로 없다.

❺ 아이에게 공(公)과 사(私)는

1) 구분하지 않았다.   2) 가끔 구분했다.   3) 엄격하게 구분했다.

❻ 아이의 진로는 아이 스스로

1) 결정하지 못했다.   2) 결정했던 적도 있다.   3) 결정했다.

❼ 목표 대학과 전공할 과목은?

1) 정하지 않았다.   2) 대화를 한 적은 있다.   3) 예전에 정했다.

❽ 무엇이든 시작을 하면 중단하는 빈도수가

1) 대부분 중단한다.   2) 반반이다.   3) 중단하는 경우는 거의 없다.

❾ 방학, 국경일, 주말 등에 아침에 일어나는 시간은 학교갈 때에 비해

1) 늦게 일어난다.   2) 대부분 늦게 일어난다.   3) 크게 차이 나지 않는다.

❿ 우선 순위는 게임, TV 시청 등

1) 을 우선한다.   2) 대부분 우선한다.   3) 보다 공부가 우선한다.

⓫ 아이의 방에 국어사전, 영어사전, 백과사전 등 5종 정도가

1) 없다.   2) 1~2종은 있다.   3) 있다.

⓬ 공부는 계획표에 따라 하므로 잔소리는

1) 자주하는 편이다.   2) 가끔 한다.   3) 거의 하지 않는다.

⓭ 공부는 정해진 시간 정해진 장소에서

1) 거의 하지 않는다.   2) 가끔 한다.   3) 꼭 한다.

⑭ 특별히 못하는 과목이

   1) 모르겠다.   2) 있다.   3) 거의 없다.

⑮ 공부하는 시간에는 집에서 T.V, 음악 등 공부에 방해되는 요소

   1) 에 신경 쓰지 않는다.   2) 신경을 쓸 때도 있다.   3) 를 철저히 배제 한다.

⑯ 공부 스케줄은 항상 빠듯한데

   1) 실천하려고 하지 않는다.   2) 실천하는 경우도 있다.   3) 대부분 실천한다.

⑰ 예습과 복습은

   1) 하는지 모르겠다.   2) 할 때도 있다.   3) 꼭 한다.

⑱ 그날 해야 할 공부에

   1) 관심 없다.   2) 하려 고는 한다.   3) 빼먹은 적이 없다.

⑲ 공부하다가 질문을 하면

   1) 초등 때는 답을 알려주었다.   2) 선생님께 물어보라고 했다.
   3) 국어, 백과사전을 이용 하게 하였다.

⑳ 아이에게 칭찬을

   1) 한 적이 별로 없다.   2) 하려고는 한다.
   3) 하루에 1번 이상은 하려고 노력한다.

㉑ 1주일에 1권 이상 월간지 또는 소설(동화)책을 읽는다.

   1) 아니다.   2) 읽게 할 때도 간혹 있다.   3) 꼭 읽게 한다.

㉒ 남다른 공부 방법을 아이에게 지도하고 있고 관심이 많다.

   1) 아니다.   2) 생각해 본적은 있다.   3) 그렇다.

㉓ 한문의 중요성을 알고 기본적인 한문은 초등학교 때 지도하였다.

   1) 아니다.   2) 생각해 본적은 있다.   3) 그렇다.

㉔ 성적 향상에 국어 성적이 차지하는 비중이

   1) 많지 않다고 생각한다.   2) 영어 수학보다 중요하지는 않다.
   3) 대단히 중요하다고 생각한다.

㉕ 공부를 위해 문제집, 학원 등록, 독서실 이용 등을 스스로 요구하는 정도는?

   1) 미리 준비해 준다.   2) 요구할 때 도 있다.   3) 필요한 것은 미리 요구한다.

【 설문 답안지 작성 및 평가 방법 】

❶ 설문 답안지 작성법

- 설문지를 읽고 자신에게 해당되는 사항을 답안지에 기록합니다.
- 채점방법은 1문제 4점 기준이 되며 1)은 0점, 2)번은 1점, 3)번은 3점으로 채점합니다.
- 점수란의 점수를 합산 총점으로 평가합니다.

▶ 답안지

평 가	1	2	3	4	5	6	7	8	9	10	11	12	13
	14	15	16	17	18	19	20	21	22	23	24	25	총점

❷ 평가기준

- 90점 이상 – 극상위권일 가능성이 많으며 극상위권이 아니라 할지라도 머지않아 극상위권에 진입할 가능성이 많습니다.(95점 이상이면 6개월 후면 극상위권 진입 가능)
- 80점 이상 – 현재 우등생일 가능성이 많으며 우등생이 아니라 하더라도 머지않아 우등생 반열에 진입할 것입니다.(85점 이상이면 6개월 후면 극상위권 진입 가능)
- 80점 이하 – 우등생 진입을 위해 습관, 공부 방법 등 개선(정답이 3번이 되도록)을 위해 노력 하지 않으면 성적이 하락할 가능성이 많습니다.

1등과 꼴등의 차이점

우리를 슬프고 화나게 하는 것은 많지만 그중에서도 차별을 꼽을 수 있으며 차별 중에서도 같은 노력을 하는데도 남보다 적은 성과를 보일 때입니다. 산술적으로는 동일한 노력은 동일한 결과가 당연해야 하지만 현실은 판이한 경우가 상당합니다. 특히 공부의 경우가 그에 해당합니다. 우리의 삶도 등급이 있듯이 공부도 크게 다르지 않는 것 같습니다.

1등과 꼴찌가 왜 존재할까요? 동일한 조건에서 공부를 하는데도 1등과 꼴찌는 존재합니다. 그러나 꼴등을 하고 싶은 학생과 학부모는 아무도 없습니다. 하지만 왜 그러한 결과가 표출될까요?

아동학자들은 지식을 받아들이는 유형에 따라 성적이 결정된다고 주장을 하는데 구체적으로 알아보겠습니다.

지식을 받아들이는 양을 옹기에 비유하면

❶ 입구가 좁은 옹기형

전체적으로 받아들일 수 있는 학습량은 많으나 지식(강의 내용)이 들어가는 입구가 좁아 시간 단위당 학습 축척량은 떨어지는데 중위권 (85점 이하)의 자녀가 이에 속합니다.

❷ 입구가 넓은 옹기형

지식(강의 내용)이 들어가는 입구가 넓어 지식을 받아들이는 시간당 학습 축척량은 상당하며 중상위권(86~89점대)에 속합니다.

❸ 고무 풍선형

자기 크기보다 수십배의 산소를 넣을 수 있는 고무 풍선처럼 지식을 끊임없이 받아들여 포식하는 그룹으로 상위권, 극상위권(95~100점) 이 이에 속합니다.

위와 같은 차이는 선천성보다 성장 환경, 직·간접 학습 습관에 의해 영향을 받는 경우가 상당하다고 하는데 특히 독서의 영향을 많이 받는다고 합니다. 한편 동일한 강의를 수강하는데도 성적 차이가 나는 것은 수준별로 강의에 집중하는 시간이 다르기 때문인데 구체화 시켜보겠습니다.

50분 기준 성적별 강의 집중도

❶ 하위권(70점 이하) 10~15분(입구가 닫힌 옹기형)

수준에 상관없이 성적 향상을 원하므로 강의 시작 초기에는 집중을 하려고 나름대로 노력은 하지만, 기초 부족으로 인해 강의 내용의 이해의 폭이 좁아져 흥미를 잃고 강의에 신경 쓰지 않게 됩니다.

• 노력을 나름대로 했지만 성적이 향상된 적이 거의 없는 그룹

❷ 중위권(70~80점 이하) 16~25분(입구 좁은 옹기형)

강의 시작 초기에 잠깐 집중하는 형으로 좋아하는 1~2과목에 비중을 두는 경우가 많으며, 많은 과목이 기초 부족으로 흥미를 잃고 강의에 집중하지 못합니다.

• 특정 1~2 과목만 노력한 만큼 성적이 나오는 그룹

❸ 중상위권(81~90점) 30~40분(입구 넓은 옹기형)

약한 과목 1~2 과목 외에는 노력하는 만큼 성적이 도출되므로 강의집중도는 높지만 약점 과목 정복을 위해 강의에 집중이 필요합니다.

❹ 상위, 극상위권(95~100점) 45분 이상(고무 풍선형)

집중하는 시간이 90% 이상을 육박하는 것은 강의 이해도가 뛰어나기 때문입니다. 또한 약한 과목이 발생하지 않도록 싫은 과목에 신경을 씁니다.

기준	일일 집중시간	주 집중시간	월 집중시간
하위권	10~15분(15분×6시간)=90분	90분×5일=450분	450분×5일=2,250분
중위권	16~25분(25분×6시간)=150분	150분×5일=750분	750분×5일=3,750분
중상위권	30~40분(40분×6시간)=240분	240분×5일=1,200분	1,200분×5일=6,000분
상위권	45분 이상(45분×6시간)=270분	270분×5일=1,350분	1,350분×5일=6,750분

위와 같이 동일한 조건에서 강의를 듣더라도 강의에 집중하는 시간은 상상을 초월할 정도의 차이를 보이며 집중도 차이가 성적의 차이로 연계 된다는 것을 알 수 있습니다.

공부를 즐겁게 하려면?

학습 커리큘럼을 적용하자

학부모 세미나시 위의 주제를 거론하면 "말도 안돼! 정말 가능할까? 괜히 해보는 소리일거야! 세상에 공부를 즐겁게 하는 애들이 어디 있어! 대한민국 천지에 단 한명도 없을걸! 또한 백번 양보해서 있다고 해도 우리 아이는 절대 불가능해!"라는 말과 표정을 짓습니다. 가끔 공부를 취미로 한다는 학생의 이야기를 듣거나 기사를 본적이 있지 않았냐는 질문을 하면 고개를 끄덕이는 분도 있는데 필자가 재차 질문을 하면 상당한 학부모가 고개를 끄덕입니다. "공부를 좋아하게 하는 것은 현재 성적에 상관없이 성취감만 느낄 수 있다면 가능합니다"라고 하면 여기저기서 웅성거리기 시작합니다.

사실 공부에 대한 개념을 정확히 이해만 한다고 해도 필자의 주장을 이처럼 거부하지는 않을 것이며 자녀와의 공부전쟁 스트레스도 현저히 줄일 수 있는데 말입니다.

공부란 '학문이나 기술을 배우고 익힘'으로 정의합니다. 우리가 즐거움을 느끼는 것은 다양하지만 그 중에서도 갈구하고 염원하던 것을 이룰 때와 노력한 만큼 긍정적인 결과가 도출될 때라고 할 수 있습니다. 무엇이든 싫어하게 되는 과정을 생각해보면 좋지 않는 기억이 있고, 남보다 잘하지 못하며, 잘하려고 노력을 해도 성과가 없어 포기했고, 생각하는 것 자체만으로도 스트레스를 받는 것일 수 있다는 것입니다.

만두의 일인자 영혜 어머니의 예를 들어보겠습니다.

영혜가 만두를 좋아하게 된 계기

- 처음에는 만두를 안 먹었는데 엄마가 만두를 먹으면 사탕을 주었고 그 다음부터 좋아 했대요.
- 엄마가 만든 만두는 맛있고, 어려서부터 만두를 많이 먹어 보았어요.
- 만두를 드실 때마다 아빠는 엄마의 만두 솜씨를 칭찬하셨어요.
- 엄마는 손님이 오시면 으레 만두를 만드셨고 손님들은 만두 맛을 침이 마르도록 칭찬하셨어요.
- 만두 맛에 반해 만두집을 내라는 분, 체인 사업을 권하는 분도 있었어요.
- 국적 불명의 엄마가 개발한 만두도 자주 선보였고 맛도 특이했어요.
- 우리는 죽음의 맛이라는 닉네임까지 붙여 주었어요.
- 엄마는 새로운 맛의 만두를 만들기 위해 시간이 있을 때마다 만두도 사오고 만들어 보고 새로운 재료를 사용하는 등 만두를 만드시는 것이 꼭 취미 생활을 하는 것 같아요.
- 엄마의 가장 행복한 시간은 만두로 인해 칭찬을 받을 때 얼굴에서 행복한 표정이 산처럼 쌓여요.

- 처음에는 만두를 별로 좋아하지 않았는데 친구들과 어울리다 보니 먹어보게 되었어요.
- 결혼 전에 만들었는데 동생들도 먹어보고 맛이 없다는 말에 그 후로는 만들지 않았어요.
- 만두에 관심을 가진 것은 아빠가 만두를 좋아해서 많이 먹어 보았고 남편의 권유로 남편과 같이 만들고 만두 만드는데 소질이 있다는 얘기를 들은 후 부터 만두에 관심을 가지게 되었어요.
- 남편의 칭찬에 더 맛있게 만들기 위해 인터넷에서 정보도 찾고 요리 학원에도 수강했어요.
- 만두를 만드는데 자신이 있어 손님이 오시면 으레 만두를 만드셨고 만두가 맛있다는 칭찬에 기분이 좋았어요.
- 언제부턴가 남편이 좋아하는 고기 만두를 맛있게 빚기 위해 생고기만 사용했는데 예전보다 더 맛있어요.
- 버리기 아까운 김치를 사용해 만두를 빚어 주었더니 맛이 너무 좋다고 남편이 죽음의 맛이라는 이름까지 지어 주어 더욱 기쁘고 김치 만두만 주로 빚어 달라고 해요.
- 이제 만두를 만들 때가 가장 행복하고 내가 빚은 만두를 가족들이 맛있게 먹는 모습을 보면 행복해요.
- 오늘도 선생님들에게 드릴 만두를 만들면서 즐거웠고 맛있게 드시는 것을 보면 행복해요.
- 이제 만두 만드는 것은 자신 있어요. 그리고 만두를 아무리 맛있게 빚으려고 해도 안 된다는 분들을 보면 이해 할 수가 없어요. 몇 번만 해보면 되는데….

결론적으로 공부를 즐겁게 하는 방법은 이제 위의 사례에서 제시되었다고 할 수 있습니다.

공부를 즐겁게 하려면

❶ 애정을 표한다

세상에서 가장 아끼며 사랑하는 것이 자녀라는 것을 인지시키는데 아이가 볼 수 있도록 낙서 비슷한 형태로 아이가 볼 수 있게 하거나 친한 친구의 엄마에게 간접적으로 이야기 하도록 유도합니다.

선우야! 네 엄마 너 굉장히 사랑하나봐! 지난번에 만났을 때 네 칭찬 되게 많이 하더라! (아이는 감격할 수도 있고 엄마를 긍정적으로 생각한다.)

❷ 늦었다고 생각하지 않는다

공부에 늦은 것이란 없으며 다만 시기가 있을 뿐입니다. 또한 약간 시기를 놓쳤다고 해도 지금부터라도 시작하면 결코 늦지 않았습니다. 무조건 긍정적으로 생각하는 것이 중요합니다.

❸ 현재 수준을 출발이라고 생각한다

가장 중요한 사안으로 현재 수준보다 현저히 낮거나 원하는 성적에 미치지 못할 경우 조급하게 생각하기보다 현재가 자녀의 출발점이라고 생각하는 것이 중요합니다.

현재 문제점을 파악하고 대처하는 것이 무엇보다도 중요하며 결코 서둘러서는 안 됩니다. 현재 문제가 있다는 것은 문제가 있는 만큼 장애(학습에 필요한 요소)가 있다는 것이며 또한 그것은 문제점을 해소할 것은 많은데 기존 학생에 비해 늦다는 것을 의미하므로 서두르면 재기하지 못합니다.

❹ **진전시 마다 칭찬을 한다**

스트레스가 필연적으로 동반하는데 스트레스를 제거하거나 약화시키는 것은 칭찬입니다. 부모님이 볼 때 꾸중할 것은 많고 칭찬할 일은 보이지 않지만 만들어서라도 칭찬을 해야 합니다. 과제물 이행 시, 암기할 때, 하루 일과를 마쳤을 때, 공부하고 있을 때 등.

❺ **결과를 육안으로 확인시켜주고 가능성을 제시한다**

진전시마다 지난 과정을 알려주고 성과를 제시하면서 용기와 함께 가능성을 제시합니다.

❻ **문제 발생시 대안을 제시하며 의욕을 고취시킨다**

문제가 발생(회피, 도중하차 유혹, 스트레스 과다 등)하는 것은 당연하며 선생님 말씀이 오히려 남보다 인내심이 강해 벌써왔어야 하는데 너는 많이 참은 편이야라며 칭찬을 하고 지금까지 참을 수 있는 인내심이 있는데 조금만 참으면 된다고 하면서 격려와 칭찬 그리고 용기를 북돋아 줍니다.

자녀의 수준에 맞는 학습 커리큘럼 만들어 쉽게 성취감을 느끼게 하면서 칭찬(예: 중학교 2학년이 초등 6학년 범위를 학습하더라도)을 비전을 제시하고 무한한 가능성을 심어줄 때 공부에 흥미를 느끼기 시작합니다. 학습 내용의 대부분(80%)은 풀 수 있고 모르거나 헷갈리는 것은 20% 정도의 학습 커리큘럼을 적용시키면 공부를 긍정적으로 생각해 스스로 하려고 하고 머지않아 지난 과정을 보충하게 되면서 성적 향상은 급물살을 타게 됩니다. 그래서 1년 전후면 원하는 성적을 확보할 수 있게 되는데 스스로 공부를 하려고 할 때가 될 때 성적은 수직 상승합니다.

우등생이 되는 과정과 만두의 명인이 되는 과정이 별반 다를 것이 없고 다만 성적과 음식이라는 것이 차이라면 차이일 뿐입니다. 지금 만두를 빚듯이 바로 시작해 보십시오.

자신감이
의욕에 불을 지핀다!

성취감을 느껴야 합니다

자신감이 동기 유발을 하고, 동기 유발이 계기를 만들며, 계기가 과정을 만들고, 과정이 결과를 만들고, 작은 결과가 모여 미래가 결정됩니다.

'공부에는 흥미가 없고 시큰둥한 아이! 게임이라면 사족을 못쓰고 덤비며 말리지 않으면 밤새 하는 아이! 하라는 공부는 하지 않고 청개구리처럼 반대로만 하려는 듯하다.'

공부를 왜 하지 않으려 하고 게임이나 공부 외적인 것에 치중하는 것일까요? 부모, 학교, 학원 모두 공부하기를 원하는데, 공부를 열심히 하면 모두 좋은데라며 속상해 합니다. 그렇다면 공부를 대체 왜 안하는 것일까요? 여러 가지 이유가 있겠으나 가장 큰 이유는 성취감을 느끼지 못하기 때문이 아닐까 합니다.

수년전 필자가 중하위권 초등 4학년~중학 2학년까지 학년별 각 100명

(남 50명, 여 50명)을 대상으로 공부에 대한 설문을 한 적이 있는데 예상외의 결과를 접했습니다. 상위권의 경우 '흥미있다' 와 '의무감' 이 다수를 차지한 반면 중위권, 중하위권(80점 이하)은 아래와 같이 답변하였습니다.

❶ 공부를 하는데도 점수가 좋아지지 않는다

❷ 어른(선생, 부모님 등)들은 거짓말을 잘한다(열심히 하면, 시키는 대로만 하면 공부를 잘 할 수 있다고 했는데 다 거짓말만 했다)

❸ 공부를 하면 답답하고 화가 난다

❹ 게임을 하면 재미있고 즐겁다

❺ 게임은 할수록 실력이 좋아진다

위 내용으로 필자가 내린 결론은 공부에 흥미가 없는 것은 성취감을 느끼지 못하기 때문이라는 것입니다. 성취감이 없다는 것은 노력한 결과가 없다는 것을 의미하는데 그에 반해 게임은 자신이 노력하는 만큼 나보다 강했던 상대와 비슷해지거나 이길 수 있다는 것을 알게 되는 과정입니다. 그에 비해 공부는 현재 열심히 해도 수주, 혹은 수개월 후 시험 결과가 나와야 알 수 있기 때문입니다.

혹자는 공부와 게임을 비교 대상으로 생각하는 것에 반론을 제기할 수 있으나 모르는 것을 아는 과정은 둘 다 큰 차이가 없다고 생각합니다. 게임을 대부분 좋아하지만 흥미가 없는 그룹은 게임을 하면 마음대로 되지 않아 오히려 스트레스가 쌓인다고 하듯이 공부를 하면서 스트레스가 쌓이는 것과 게임을 하면서 스트레스가 쌓이는 것과 크게 다르지 않기 때문입니다. 공부를 잘하게 하려면 우선 성취감을 느끼게 하는 것이 중요합니다.

❶ 일상 생활 속에서 칭찬거리를 찾는다

공부는 정신적인 안정과 자신감이 필요하므로 공부 외 일상 속에서 아이가 자신감과 자신에 대한 존중감을 갖도록 공부 외에서 칭찬거리를 찾아 과도할 정도의 칭찬이 필요합니다(칭찬을 거의 하지 않았기 때문에 과도한 칭찬을 한다고 해도 자녀에게 필요한 칭찬의 양에는 턱없이 미치지 못한다). 칭찬에 인색한 원인의 대부분은 자녀의 수준을 떠나 최상위권 도달을 목표로 생각하기 때문입니다. ○○는 전교 몇등 이래! ○○는 장학금을 받았대! ○○는 만점을 받았대! ○○는 ○○대학에 합격했대! ○○는 의대에, 법대에….

❷ 수준에 따른 학습 계획을 세운다

정상권, 최고에 도달한 그룹과 비교하기 때문에 칭찬할 수가 없다며 하소연합니다. 그러나 그들과 자녀와의 공부 격차가 얼마나 될까요? 공부만 열심히 하면 순식간에 따라 잡을 수가 있을까요? 10개의 산을 정복하는 것이 인생이라면 그들은 첫 번째 산 정상 문턱인 8부 능선에 도달했다면 자녀는 이제 4~5부 능선을 오르고 있을 수 있습니다. 노력한다고 해서 순식간에 그들과 같을 수 있을까요? 성공하기 위해서는 현재보다 분발할 수 있도록, 의욕을 가질 수 있도록 수준에 맞는 학습 계획을 세워야 합니다.

가장 중요한 것은 도중에 포기하지 않도록 하는 것이 수준에 맞는 계획 수립임을 잊지 않아야 하며 앞으로 정복할 산이 많고도 또 많다는 것을 알아야 합니다.

❸ 작은 노력도 결과를 알 수 있도록 해야 한다

성취감을 느끼는 요소의 기본은 수준에 맞는 학습 제시와 그에 대한 결과를 곧장 확인할 수 있어야 합니다. 성적의 결과는 상당히 긴 과정을 요구하는데 가깝게는 분기별 시험, 고입, 대입, 취직 시험 등으로 구분할 수 있습니다.

열등생이 공부에 집중하지 못하는 이유 중 하나가 결과를 확인하는 기간이 너무 멀다는 것입니다. 게임을 하면 결과를 영점 몇 초 이내에 알 수 있고, TV를 시청해도 궁금하면 답이 나오고, 식사도, 쇼핑도 공부 빼고는 무엇이든 속전속결로 해결되고 결과를 알 수 있는데 공부만은 예외인 것입니다.

그러므로 공부에 재미를 느끼게 하려면 아무리 작은 노력도 육안으로 확인할 수 있게 하고 그에 대한 칭찬을 해야 합니다.

예컨대 영어단어, 한문 4자, 필기 1페이지, 수학 3문제 풀이, 용어 6개 암기 등 자녀의 노력으로 1가지만 익혔더라도 결과를 확인한 후 성취감을 느낄 수 있도록 칭찬(우리 아들, 딸 오늘은 ○○공부 했네! 이해되니 잘했어! 고생했어, 이제 잘하는 구나!)하는 것을 우선으로 생각하여야 합니다. 또 이를 실천할 수 있을 때 자녀는 자신이 노력한 것을 육안으로 확인할 수 있고 부모님이 칭찬하면 공부할 때 받는 스트레스도 없어지고 성취감을 느끼게 되어 공부를 긍정적으로 생각하게 됩니다. 다만 자녀의 수준에 따라 5분 학습 결과에도 칭찬할 수 있고, 1일, 1주, 1개월, 분기별 시험 결과로 칭찬할 수는 있는데 열등생일수록 많은 회수의 칭찬이 필요합니다.

하루에 10번이면 어떨까요? 결과에 대한 칭찬이면 많을수록 좋습니다. 생체 리듬 학습 계획표를 참고하면 하루에 4회 까지 칭찬할 수 있으며 칭찬은 많을수록 꾸중은 적을수록 좋습니다.

❖ 생체리듬 학습계획표 209p 참고

체벌은
필요한 것일까?

>>> **36**

체벌, 과연 독(毒)일까? 약(藥)일까?

이러한 언쟁을 벌여온지 오래이며 권장할 수도 없고, 그렇다고 없앨 수도 없는 체벌입니다. 선과 악으로 규정지을 수도 없고 삼킬 수도 뱉을 수도 없는 것이 체벌입니다.

항상 화두로 등장은 하지만 그러나 어느 누구도 명쾌하게 단정 짓지 못하는 사안이기도 합니다. 그것은 그만큼 중요하면서도 애매모호하고 민감한 사안이기 때문이며 대부분 필요하다고 인정은 하면서도 막상 결론을 요구하면 망설이게 됩니다. 이는 체벌을 하는 측에서 체벌에 대한 생각과 어떤 기준을 가지고 있느냐에 따라 다르지 않을까 생각합니다.

국어사전에서는 체벌(體罰)에 대해 규정하기를 '직접 몸에 정신적, 육체적 고통을 주는 행위'를 의미한다고 되어 있습니다. 자신이 꼭 해야 할 일임에도 불구하고 이행하지 않을 경우 체벌을 통해 바른 습관으로 유도해 부정적인 습관이나 잘못된 행동을 교정하는 것에 목적을 둔것이지요.

그런데 즉흥적인 체벌로 문제점 교정보다는 오히려 심각한 문제를 야기하는데 그 문제점을 알아보겠습니다.

정신적 체벌

언어를 통한 체벌로 꾸지람 형태로 이루어지며 문제점에 대한 지적과 대안을 제시해야 함에도 불구하고 감정을 주체하지 못해 과격한 표현으로 인격모독으로 연계되는 경우가 많아 심각한 문제를 만드는 경우가 상당합니다.

육체적 체벌

가장 많이 이루어지는 방법이며 신체(손바닥, 엉덩이 등)를 때려서 책임을 묻는 행위인데 육체적 체벌이 문제가 되는 이유는 다음과 같습니다.

❶ 체벌만으로 책임감에서 벗어난다

아이가 체벌 받은 것만으로 자신의 잘못에 대해 더 이상 책임질 사안이 없다고 생각합니다.

❷ 체벌을 받아야 했던 부분은 해결되지 않는다

육체적인 체벌만으로 미진한 부분에 대한 책임을 더 이상 묻지 않는다면 체벌의 의미가 없어집니다. 예컨대 예정된 학습 미비시 체벌로 종결하면 미비된 부분은 그대로 묻혀버립니다.

❸ 교정 비율이 현저히 낮다

체벌은 아이러니하게도 대부분이 선호한다는 것입니다. 짧은 시간에 미비된 부분에 대한 책임을 물을 수 있다는 이점이 있어 선호하는데 체벌 대상인 아이의 다수도 선호한다는 것입니다.

원인은 의외로 짧은 시간(수초 또는 수분)에 체벌을 받는 것이 하기 싫은 공부를 위해 스트레스를 받는 것보다 유리하다고 생각하기 때문입니다. 그로 인해 과제물, 산만 등 성적 향상에 장애가 되는 부정적인 습관이 교정되기보다 체벌의 반복으로 교정은 요원해집니다.

❹ 부작용이 많다

부작용이 많은 것은 과격한 체벌로 신체적 손상을 입을 수 있고, 흡사 체벌만 당하면 모든 문제(성적 등)가 해결된다는 착각에 빠지게 됩니다.

육체적 체벌의 장점

① 체벌을 계기로 부정적인 학습 습관을 개선시킨다.
② 최적의 학습 환경 조성이 가능해진다.
③ 적절한 체벌로 순간적인 학습 환경, 학습 효과를 기대할 수 있다.

육체적 체벌의 단점

① 자녀의 자존심을 상하게 할 수 있다.
② 체벌에 견디지 못해 인격적으로 문제가 발생할 수 있다.
③ 과중한 체벌로 원생에게 정신적인 상처를 안겨줄 수 있다.
④ 체벌을 대수롭지 않게 생각해 자녀가 통제 불능에 빠질 수 있다.

가장 효과적인 방법으로 지시불이행, 미비된 과제물 등에 대한 학습량을 증가시키는 방법입니다.

❶ 과제물 지시 사항 미비시 더 힘들게 한다

처음 지시 사항을 이행하지 않을 경우 수 배 힘들게 하는 것이 필요한 것은 누구나 손해를 보지 않으려고 하기 때문입니다. 특히 성적이 낮은 학생일수록 단순 계산을 하는 경향이 많기 때문에 초기 과제물보다 많은 양을 부과할 때 처음 지시에 응할 가능성이 많아집니다.

❷ 벌칙으로 2~3배 학습량을 부여한다

육체적인 체벌보다는 벌칙으로 학습량을 2~3배 부여하고 이행 여부를 점검하여 완료할 때까지 휴식 시간을 주지 않습니다.

약이 되는 체벌이 이루어지게 하려면 다음과 같은 사항에 유의하면 됩니다.

❶ 커뮤니케이션에 비중을 둔다

체벌을 받는 이유를 정확히 인지시켜야 합니다. 즉, '몇 번이나 나에게 기회를 주었으나 내가 생각해도 너무했고 부모님이 속상하겠다' 라는 체벌 받는 것이 당연하다는 생각을 갖도록 해야 합니다.

❷ 계획된 체벌을 한다

체벌로 인한 문제를 최소화하기 위해 즉흥적인 체벌보다는 사전에 계획되고 예고된 상태에서 체벌을 해야 합니다.

❸ 사적인 감정을 개입시키지 않는다

체벌에는 사적인 감정을 절대로 개입시켜서는 안되며 그것은 크나
큰 문제를 만들기 때문입니다.

필자는 체벌이 분재를 가꾸는 것처럼 꼭 필요하다고 생각합니다. 대부
분의 가지는 철사를 통해 교정을 하지만 엉뚱한 곳에서 난 싹과 가지는
잘라야 원하는 형태를 만들 수 있기 때문이며 자녀에게 치명적이 될 수
있는 부정적인 습관은 초기에 교정하는 것이 무엇보다도 중요합니다.

예정된 학습 계획의 실천

아이와 끊이지 않는 공부 신경전! 스스로 알아서 공부를 하면 얼마나 좋을까요? 반면 아이는 집에서 '공부하라는 잔소리를 듣지 않으면 얼마나 좋을까?'라고 생각합니다. 부모는 '네가 공부를 알아서 하면 잔소리 안하잖아!' 아이는 '공부하라고 안 해도 내가 알아서 하는데 잔소리 하니까 더 하기 싫어지잖아!'라며 신경전을 벌이고 급기야 큰소리가 오고가는 것이 요즈음의 우리들 가정의 한 예이기도 합니다.

시험을 1주 앞둔 중학교 2학년 재학중인 중상위권 85점대 현철이와 엄마와의 공부전쟁 사례입니다.

【 일요일 아침 10시경 】

현철이는 모처럼 맞은 일요일 아침 7시에 일어나 2시간 게임을 하고 밥 먹고 9시 30분부터 TV를 시청하며 깔깔거리고 있다.

엄마　아침에 일찍 일어났으면 공부를 해야지! 공부는 안하고 게임을 하다가 이제는 TV에 미쳐있네. 시험도 얼마 남지 않았는데 정신이 있는 거야, 없는 거야! 지난 시험 망치고 열심히 한다더니 변한 것이 하나도 없어! 어쩌면~ 그렇게 태평한지 몰라. 지 애비를 쏙 닮았나봐! 꼭 못된 것만 닮아가지고서….
공부하라고 하면 또 궁시랑 거릴 것 같고! 속 터져 정말! 언제 공부하려 들어가는지 두고 볼거야. (라며 자녀를 째려본다.)

현철　(게임할 때는 엄마가 주무시고 계셔서 편했는데 아침 먹고 TV 볼 때부터는 엄마가 공부하라는 잔소리를 할 것 같아 영 불안하다. 연신 힐끔힐끔 엄마를 주시하면서 TV를 보지만 즐겁지만은 않다. 그래서 '인기있는 예능 프로그램의 중 하나'만 보고 공부하려고 생각하고 있다.)

엄마　(이제나 저제나 하면서 TV 그만 보고 공부하라고 하고 싶은데 재미있게 보고 있는 것을 보면 그럴 수도 없고, 한편은 1주일 동안 공부에 시달렸던 것을 생각하면 이해도 되지만 성적을 생각하면…. 갈등이 점점 심해진다. T.V에 빨려들고 있는 현철이를 보며 공부를 그렇게 빨려들듯이 하면 얼마나 좋을까? 라며 한탄한다. 벌써 11시가 다 되어가는 구만! 다른 아이들은 시험 준비를 열심히 하고 있을 텐데라며 속으로 발을 동동 구른다.)

현철　(TV를 보면서도 엄마 눈치보고, 시간보고, TV보기를 반복하며 프로그램만 끝나면 공부 하려 가야지 라고 생각하고 있지만 엄마가 언제 공부하라는 말이 나올까봐 조마 조마하다.)

드디어 현철이와 엄마가 기다리고 기다리던 프로그램이 끝났다.

엄마　이제는 공부하려 가겠지 (라며 현철이를 바라본다.)

이 책을 읽고 있는 부모님의 가정에서는 이런 일이 없기를 간절히 바라지만 오늘날의 한국 가정에서 쉽게 볼 수 있는 장면이 아닐까 합니다. 왜 이런 경우가 발생할까요? 단정적으로 말씀드리면 시간 관리 때문이라고 할 수 있습니다. 성적이 우수한 학생과 부진한 학생도 크게 다르지 않습니다. 그중 비중이 많은 것으로 꼽을 수 있는 것이 시간을 효과적으로 활용하는 학습 계획을 꼽을 수 있습니다.

성적이 우수한 학생은 사안의 크고 작음을 떠나 추진하기 전에 매사에 계획을 세우는 것과 그렇지 않는 경우 결과에는 상당한 차이를 보입니다. 90점대 학생은 90점 받을 수 있게 공부를 하고, 70점대 학생은 70점을 받을 수 있을 만큼 공부를 합니다. 상위권 학생은 과제물외 공부를 해야 할 부분을 문제점으로 알고 있지만 중상위권, 중하위권 성적이 부진한 학생일수록 과제물이 공부의 전부라고 생각하며 시간이 있어도 무엇을 해야 할지 모른다는데 더욱 문제가 있는 것입니다.

또한 공부하는 시간이 정해져 있지 않기 때문에 학부모는 자녀의 눈치를 보고, 자녀는 미루다 보면 하루가 지나고 맙니다. 스스로 하지 않는 자녀는 과제물외 공부할 내용(주로 필기), 시간 등을 자녀와 약속해서 정해 주어야 합니다. 공부를 즉흥적으로 한다는 것은 설계도 없이 집을 짓는 것과 조금도 다를 바 없으며 본 주제에서 월등한 효과를 나타낼 수 있는 생체 리듬을 적용한 과학적인 공부 계획을 세우는 이유가 여기에 있습니다. 휴식 시간, 예습 시간, 복습 시간, 보충 시간, 약점 과목 공부하는 시간, TV시청 시간 등을 정해 놓고 예정된 학습 계획에 따라 실천하게 하면 자녀와의 트러블을 최소화 할 수 있습니다.

잔소리 없이도 스스로 공부하게 하려면? ❷

생체 리듬 학습법

　본 주제에서는 잔소리 없이 자녀 스스로 공부하게 하는 생체 리듬 학습법을 소개하겠습니다.

　생체 리듬 학습이란 말은 필자가 명명한 것으로 우리의 생체 리듬을 거역하지 않고 순응하는 의미로 예를 들면 잠자는 시간과 일어나는 시간 등을 환경에 따라 바꾸지 않고 현재 신체에 적응된 상태로 생활하는 것을 의미합니다. 즉 개학을 하거나 학교를 갈 때는 아침 7시에 기상하다가 국경일이나 주말, 방학 때는 오전 10시에 아침 먹고, 낮에 학원에서 공부하고 밤에는 게임, TV 등과 어울리는 등 습관된 생활 리듬이 완전히 깨지게 되어 개학 후에는 수 주 동안 컨디션이 엉망이 되어 성적이 곤두박질치고 월요일이면 월요병으로 화요일까지 영향을 받기도 합니다. 그러나 극상위권 학생은 한결같은 컨디션을 유지하는데 그 비결이 바로 생체 리듬을 감안한 학습 프로그램으로 자기 일정을 만들어 실천하기 때문입니다.

누구나 생체 리듬을 감안한 학습 프로그램을 적용하면 최상의 컨디션으로 학습에 임하며 슬럼프를 방지할 수 있습니다.

생체 리듬을 감안한 학습 프로그램의 기본 요소

❶ 공부하는 시간은 365일 절대 변하면 안된다

대부분의 공부 계획표는 월별, 방학, 계절에 따라 수시로 바뀌지만 공부 계획표의 기본은 4계절 내내 변하지 않아야 합니다.

생체 리듬을 감안해 계획을 세울 때 베스트 컨디션이 유지되어야 하며 생체 리듬 계획표는 수면 시간, 취침 시간, 공부 시간 등 1년 동안 주말, 국경일, 방학 등에도 변함없어야 합니다.

❷ 과목 수준에 따라 시간 배정에 차별을 둔다

과목별 수준(성적)에 따라 학습 시간을 차별화시켜 약한 과목을 정복할 수 있도록 해야 합니다.

❸ 자녀와 협의해 결정한다

자녀의 능력과 의사를 염두에 두고 학습 계획을 수립해야 합니다. 부족한 부분이 많다고 과도한 학습 계획을 세우면 실패할 가능성이 많습니다.

❹ 매일 포상한다

초기에는 성취감을 느끼게 하기 위해 매일 확인하고 포상하므로써 권태를 극복할 수 있으며 또한 성과가 나타나기 시작하면 포상을 서서히 줄여도 무방합니다.

❶ 학습 계획의 필요성을 자녀에게 인지시킨다

아무리 좋은 학습 계획도 필요성을 느끼지 못한다면 실천에 대한 의지가 약해지므로 필요성을 인지시키는 것이 매우 중요합니다.

❷ 자녀와 협의하며 특히 초기에는 가능한 자녀가 원하는 대로 세운다

실천하는 것은 자녀이므로 뒤진 점수를 단기간에 만회하기 위해 부모 의도대로 일방적인 학습 계획을 세우면 과다한 학습이 되어 작심삼일로 끝나는 경우가 대부분입니다. 그러므로 과도한 욕심을 버리고 아이와 협의하고 원하는 학습에서도 오히려 학습 시간을 줄여 100% 성공할 수 있는 계획을 세웁니다.

작은 성공으로 성취감을 느낄 때 큰 성공을 이룰 수 있다는 것을 명심해야 합니다.

❸ 손에 쥐어주는 학습 계획을 세운다

상위권은 과제물을 제외한 공부를 공부라고 생각하는 반면, 열등생은 과제물을 하면 공부를 할 것이 없다고 생각합니다. 그러므로 상위권을 제외한 원생들에게는 과제물외 학습도 과제물처럼 구체적인 학습 내용을 지시하는데 초기에는 자신의 공부 과정을 직접 볼 수 있는 필기 위주로 합니다.

❹ 생체 리듬을 감안한다

생체 리듬은 컨디션과 집중력을 강화시켜주므로 유지될 수 있도록 최대한 노력해야 합니다.

❺ 약한 과목에 비중을 둔다

자녀에게 학습 계획표를 작성시키면 싫어하는 과목을 배제하고 좋아하는 과목에만 치중하는 것을 볼 수 있는데 대표적인 편식 공부의 사례로 성적에 문제가 있는 대부분의 자녀들이 범하는 오류입니다. 평균 성적 향상에 목적을 두기보다 편안한 공부를 하겠다는 의도로 약한 과목은 학습하는 과정에서 받는 스트레스가 싫어 공부 계획표에 넣지도 않습니다. 약한 과목이 있으면 결코 상위권으로 진입하지 못하기 때문에 오히려 더 많은 비중을 두어야 합니다.

❻ 약한 과목은 짧게 학습시킨다

약한 과목을 정복하기 위해서 많은 시간 배정이 필요하지만 적절한 학습 계획만 수립하고 실천하면 의외로 단기간에 좋아하는 과목으로 만들 수 있는데 뒤에 나오는 '학습 계획표'를 참조하기 바랍니다.

❼ 보상

꾸준한 실천을 위해 매일 실천 여부를 확인하여 작은 보상 기회를 가집니다(100% 실천시 자유시간을 부여하는데 무엇을 하든 상관하지 않는 것을 원칙으로 한다.).

❽ 방법

자녀에게 직접 공부하라는 용어는 배제하고 공부할 시간이나 타 과목 공부할 시간이 되면 수 분전 다음에는 무엇을 하는 시간인지 질문하여 자녀가 답을 하고 다음 학습을 준비하게 합니다.

부모와 자녀가 공부라는 직업적인 용어를 사용하지 않게 되었다는 것이 무엇보다도 중요합니다.

생체 리듬을 감안한 공부 계획서의 특징

❶ 시간을 절약할 수 있다

즉흥적이 아닌 생체 리듬을 감안한 학습 계획을 세워 시간을 효과적으로 이용할 수 있습니다.

❷ 공부할 때 스트레스를 적게 받는다

즉흥적인 공부가 아닌 사전에 협의했던 과정을 이행하는 것으로 자녀의 반발을 최소화 할 수 있고 잔소리가 줄어들어 자녀와의 언쟁을 최소화할 수 있습니다.

❸ 과학적(맞춤식)인 방법으로 공부할 수 있다

월, 주, 요일, 시간별로 학습 과목, 학습 내용이 구체적으로 계획되어 있어 과학적(맞춤식)인 학습으로 최소의 노력에 최대의 학습 효과를 거둘 수 있습니다.

❹ 약한 과목을 정복할 수 있다

약한 과목의 경우 학습 시간을 짧게 할당하고 많은 횟수를 할 수 있게 학습 계획을 수립해 약한 과목을 정복할 수 있습니다.

❺ 편식공부를 막을 수 있다

월, 주, 요일, 시간별로 학습과목, 학습내용이 구체적으로 계획되어 있어 좋아하는 과목(성적이 우수한 과목)만 열심히 하는 편식 공부를 막을 수 있습니다.

❻ 공부의 슬럼프 발생을 최소화 할 수 있다

컨디션에 따라 하는 학습이 아닌 꾸준한 학습으로 슬럼프 발생을 최소화할 수 있습니다.

❼ 베스트 컨디션을 최대한 유지할 수 있다

꾸준한 성적 상승과 학습 과목의 절묘한 조화로 권태를 느끼지 않아 베스트 컨디션을 유지할 수 있습니다.

❽ 성취감을 느낄 수 있다

매일 이행한 상태를 확인하고 점검하고 그에 대한 결과를 자녀와 함께 확인하고 포상(저학년)하는 과정에서 성취감을 느껴 공부에 적극적으로 임하게 합니다.

❾ 성적 향상 과정을 확인할 수 있다

실천하는 과정에 따라 성적 향상 상태를 예상할 수 있어 도중에 포기하는 일을 최소화시킬 수 있습니다.

자녀와 협의 과정을 거쳐 학습 계획 세우기를 위한 실제 사례를 예로 들어보겠습니다.

【 자녀의 수준을 파악한 결과 2시간이 적당하다고 생각할 경우 】

학부모　○○야, 이번에는 성적 만회를 위해 과제물 외 5시간은 공부했으면 좋겠는데….

자녀　엄마 너무해! 그러면 난 놀 시간도 없고… 싫어!

학부모　그러면 얼마나 하고 싶은데?

자녀　2~3시간만 할래. (자녀 역시 대부분 학부모가 제시한 시간을 감안하므로 엉뚱하게 삭감하지 않는다.)

학부모　그만큼 해서 뒤진 성적을 만회할 수 없어.

자녀	그래도 하기 싫단 말이야!
학부모	그럼, 네가 원하는 대로 공부 계획을 세워주면 100% 실천할거야? (3시간 이상 한다고 할 때 또는 2시간도 힘겹게 생각되면 실천할 수 있는 시간으로 재조정하며 "이번만 특별히 줄여준다."라고 생색을 낸다. "단, 이번에도 성적이 향상되지 않으면 5시간 공부해야 해!" 라며 다짐을 받고, 실천 여부를 다시 확인하고 증거를 남긴다.)
자녀	(눈을 반짝이며) 네!
학부모	○○야, 약속하고 계획표에 도장(사인) 찍어. 실천 안했을 때 벌칙 알지?

❖ 미리 정한 벌칙(게임금지 또는 80% 줄임, TV 시청 금지, 용돈 삭감, 외출, 외식, 학습량 2배 증가 등)에 사인하기 전에 100% 실천할 수 있는지 다시 생각하고 사인할 것을 요구하면 자녀는 부모님의 마음이 변할 것을 두려워해 재빨리 사인을 하게 된다.

❖ 자녀가 실천할 수 없는 학습량을 수용할 경우 실천할 수 있는 학습량까지 인심쓰듯 감면해 주면서 실천을 독려한다.

❖ 자녀가 학부모의 조건을 무시하고 아주 적은 학습량을 고집할 경우 시한부로 수용하고 1개월 후 학습량을 증가시킬 것을 확약(각서 등 문서 위주의 증거 남긴다.)받고 수용한다. 실천하는 것은 자녀라는 사실을 명심한다.

생체 리듬을 감안한 학습 계획서 견본 제시

❶ 평일은 1차 아침 학습, 4차 야간 학습을 실시한다

❷ 방학, 국경일 등 휴일은 1~4차 전체 진행한다

❖ 생체 리듬 학습 계획표 견본을 원하시는 분은 네이버 카페(http://cafe.naver.com/mommate), 를 참고 하시면 됩니다.

일	일	1차 아침학습	과목	학습내용	2차 오전학습	과목	학습내용	3차 오후학습	과목	학습내용	4차 야간학습	과목	학습내용	실천사항 1차	2차	3차	4차	보충일	학부모	기타
27	월	6:20~6:50	도덕	교과서 3단원까지 색인	10:00~11:30	기술	범위내 교과서 정독	3:00~4:30	사회	문제교과서에 표시하기	9:00~10:00	음악	교과서 3단원까지 색인							
28	화	6:20~6:50	사회	교과서 2단원까지 색인	10:00~11:30	사회	범위내 교과서 정독	3:00~4:30	기술	문제교과서에 표시하기	9:00~10:00	사회	교과서 2단원까지 색인							
29	수	6:20~6:50	기술	교과서 2단원까지 색인	10:00~11:30	도덕	범위내 교과서 정독	3:00~4:30	사회	문제교과서에 표시하기	9:00~10:00	과학	교과서 2단원까지 색인							
30	목	6:20~6:50	사회	교과서 3단원까지 색인	10:00~11:30	기술	범위내 교과서 정독	3:00~4:30	기술	문제교과서에 표시하기	9:00~10:00	사회	교과서 3단원까지 색인							
31	금	6:20~6:50	기술	교과서 3단원 색인	10:00~11:30	기술	범위내 교과서 정독	3:00~4:30	기술	문제교과서에 표시하기	9:00~10:00	과학	교과서 3단원 색인							
1	토	6:20~6:50	기술	교과서 1~2단원 색인	10:00~11:30	사회	범위내 교과서 정독	3:00~4:30	사회	문제교과서에 표시하기	9:00~10:00	과학	교과서 1~2단원 색인							
2	일	6:20~6:50	사회	범위내 교과서 정독	10:00~11:30	기술	범위내 교과서 정독	3:00~4:30	도덕	문제교과서에 표시하기	9:00~10:00	사회	범위내 교과서 정독							
3	월	6:20~6:50	기술	범위내 교과서 정독	10:00~11:30	기술	범위내 교과서 정독	3:00~4:30	사회	문제교과서에 표시하기	9:00~10:00	과학	범위내 교과서 정독							
4	화	6:20~6:50	기술	범위내 교과서 정독	10:00~11:30	사회	범위내 교과서 정독	3:00~4:30	도덕	문제교과서에 표시하기	9:00~10:00	사회	범위내 교과서 정독							
5	수	6:20~6:50	사회	범위내 교과서 정독	10:00~11:30	기술	범위내 교과서 정독	3:00~4:30	사회	문제교과서에 표시하기	9:00~10:00	과학	범위내 교과서 정독							
6	목	6:20~6:50	기술	범위내 교과서 정독	10:00~11:30	기술	범위내 교과서 정독	3:00~4:30	기술	문제교과서에 표시하기	9:00~10:00	사회	범위내 교과서 정독							
7	금	6:20~6:50	사회	범위내 교과서 정독	10:00~11:30	사회	범위내 교과서 정독	3:00~4:30	도덕	문제교과서에 표시하기	9:00~10:00	사회	범위내 교과서 정독							
8	토	6:20~6:50	기술	범위내 교과서 정독	10:00~11:30	기술	범위내 교과서 정독	3:00~4:30	사회	문제교과서에 표시하기	9:00~10:00	과학	범위내 교과서 정독							
9	일	6:20~6:50	기술	문제집 1단원 찾기	10:00~11:30	사회	못찾은 범위 읽고 다시찾기	3:00~4:30	사회	문제교과서에 표시하기	9:00~10:00	과학	문제집 1단원 찾기							
10	월	6:20~6:50	사회	문제집 1단원 찾기	10:00~11:30	기술	못찾은 범위 읽고 다시찾기	3:00~4:30	도덕	문제교과서에 표시하기	9:00~10:00	사회	문제집 1단원 찾기							
11	화	6:20~6:50	도덕	문제집 1단원 찾기	10:00~11:30	기술	못찾은 범위 읽고 다시찾기	3:00~4:30	사회	문제교과서에 표시하기	9:00~10:00	음악	문제집 1단원 찾기							
12	수	6:20~6:50	사회	문제집 1단원 찾기	10:00~11:30	사회	못찾은 범위 읽고 다시찾기	3:00~4:30	기술	문제교과서에 표시하기	9:00~10:00	사회	문제집 1단원 찾기							
13	목	6:20~6:50	도덕	문제집 2단원 찾기	10:00~11:30	도덕	못찾은 범위 읽고 다시찾기	3:00~4:30	사회	문제교과서에 표시하기	9:00~10:00	음악	문제집 2단원 찾기							
14	금	6:20~6:50	사회	문제집 2단원 찾기	10:00~11:30	사회	못찾은 범위 읽고 다시찾기	3:00~4:30	도덕	문제교과서에 표시하기	9:00~10:00	사회	문제집 2단원 찾기							
15	토	6:20~6:50	기술	문제집 2단원 찾기	10:00~11:30	도덕	못찾은 범위 읽고 다시찾기	3:00~4:30	사회	문제교과서에 표시하기	9:00~10:00	과학	문제집 2단원 찾기							
16	일	6:20~6:50	사회	문제집 3단원 찾기	10:00~11:30	사회	못찾은 범위 읽고 다시찾기	3:00~4:30	기술	문제교과서에 표시하기	9:00~10:00	사회	문제집 3단원 찾기							
17	월	6:20~6:50	도덕	문제집 2단원 찾기	10:00~11:30	기술	못찾은 범위 읽고 다시찾기	3:00~4:30	사회	문제교과서에 표시하기	9:00~10:00	음악	문제집 2단원 찾기							
18	화	6:20~6:50	사회	문제집 1단원 찾기	10:00~11:30	사회	못찾은 범위 읽고 다시찾기	3:00~4:30	도덕	문제교과서에 표시하기	9:00~10:00	사회	문제집 1단원 찾기							
19	수	6:20~6:50	도덕	문제집 전체 찾기	10:00~11:30	도덕	못찾은 범위 읽고 다시찾기	3:00~4:30	사회	문제교과서에 표시하기	9:00~10:00	음악	문제집 전체 찾기							
20	목	6:20~6:50	사회	문제집 전체 찾기	10:00~11:30	사회	못찾은 범위 읽고 다시찾기	3:00~4:30	기술	문제교과서에 표시하기	9:00~10:00	사회	문제집 전체 찾기							
21	금	6:20~6:50	기술	문제집 1,2단원 찾기	10:00~11:30	도덕	못찾은 범위 읽고 다시찾기	3:00~4:30	사회	문제교과서에 표시하기	9:00~10:00	과학	문제집 1,2단원 찾기							
22	토	6:20~6:50	사회	문제집 2단원 찾기	10:00~11:30	사회	못찾은 범위 읽고 다시찾기	3:00~4:30	기술	문제교과서에 표시하기	9:00~10:00	사회	문제집 2단원 찾기							
23	일	6:20~6:50	도덕	문제집 전체 찾기	10:00~11:30	기술	못찾은 범위 읽고 다시찾기	3:00~4:30	기술	문제교과서에 표시하기	9:00~10:00	음악	문제집 전체 찾기							
24	월	6:20~6:50	사회	문제집 전체 찾기	10:00~11:30	사회	못찾은 범위 읽고 다시찾기	3:00~4:30	사회	문제교과서에 표시하기	9:00~10:00	사회	문제집 전체 찾기							
25	화	6:20~6:50	기술	문제집 2단원 찾기	10:00~11:30	도덕	못찾은 범위 읽고 다시찾기	3:00~4:30	기술	문제교과서에 표시하기	9:00~10:00	과학	문제집 2단원 찾기							
26	수	6:20~6:50	사회	문제집 2단원 찾기	10:00~11:30	사회	못찾은 범위 읽고 다시찾기	3:00~4:30	기술	문제교과서에 표시하기	9:00~10:00	사회	문제집 2단원 찾기							

학생이름 :   /   학교   반 | **겨울 방학 맞춤식 학습계획표** (취약한 기술 과목에 비중을 둔 계획임) | **일일학습 점검표**

성적 향상에 대한 확신

성적이 부모의 의도대로 예정된 시기(불가능한 짧은 기간)에 성적 향상을 장담할 수 있는 것일까요? 성적 향상 과정을 이해한다면 한마디로 결정할 수 없으며 부모가 원하는 요구를 수용하면 성적 향상 가능성이 희박해질 확률이 훨씬 높습니다.

또한 한번 성적이 향상되면 지속적으로 이루어진다는 것을 당연하다고 생각할 때 안타까울 수밖에 없는 것은 학교의 교과 과정을 너무도 모르기 때문입니다. 밥 한술을 짓는데도(파종, 수확과정 생략) 쌀을 씻고, 불리고, 열을 가하고, 뜸을 들이는 과정이 필요하듯 성적 향상 과정도 크게 다르지 않습니다.

공부는 육안으로 확인할 수 없는 이론을 이해시키고 숙지하고 반복하는 과정을 통해 성적으로 연관되어집니다. 학교 성적은 수행 평가, 찍기 점수 등을 감안한다면 '확보한 점수 = 실제 실력' 이라고는 보기 어렵습니다.

❖ 본문 '학교 성적 70점은 실제 성적 20점이다?' 119p 참고

성적이 지속적으로 연계되는데 문제가 있는 이유

❶ 취약한 단원과 자신있는 과목은 누구에게나 있다

❷ 시험마다 난이도가 변하고 단원도 몇 가지로 나뉘어져 있다

단원마다 난이도가 다르기 때문이며 상황(지난번 성적)에 따라 출제자가 난이도를 조절하기 때문입니다.

❸ 상급 학년이 되면 새로운 단원이 삽입되거나 난이도가 깊어져 지난 점수가 암기식 문제로 인한 점수였을 경우 향상되기 어렵다

❹ 아이의 평상시 학습 태도, 건강 상태, 컨디션에 따라 변할 수 있다

❺ 지도 능력에 따라 변할 수 있다

성적 향상에 최하 1년이 필요한 이유

❶ 단원별 내용이 전혀 다르다

월별, 분기별, 시험 범위별 학습 내용이 전혀 다르기 때문에 지난 성적이 현재 성적이라고 할 수는 없습니다. 교과서 1년 목차를 보면 적게는 4단원(도덕), 많게는 12단원(사회)으로 나누어지며 학생의 대부분이 일부 단원에 약점을 보이는 경우가 있습니다.

❷ 심도가 깊어진다

교과서 단원을 살펴보면 단원의 약 80~90% 정도는 해마다 반복되며 상급 학년일수록 심도가 깊어지므로 현 학년에서 기초 보강 및

완벽한 학습을 할 때 상급 학년(1년 후) 때 원하는 성적이 가능합니다. 그것은 1년 정도 부족한 부분을 확실히 보충했을 때 안정된 성적을 확보할 수 있다는 것을 의미합니다.

❸ 원하는 성적을 위해서는 새로운 단원을 100% 이해한다

전 학년 단원이 80~90%는 연계되고 바뀌는 단원 20~30%는 새로운 단원 10~30%로 추가되는데 특히 새로운 단원은 처음부터 완전 정복하는 것이 유리한 것은 난이도가 약하기 때문이며 또한 방치할 경우 상급 학년에서 심각한 문제를 만들 수 있기 때문입니다.

▶ 성적 향상 단계 분류

1단계	학습 적응 (2~3주) → 기초 보강(6개월) 및 공부 습관 → 미비한 성적 향상 6~8개월 (공부 습관 초입)
2단계	기초 보충 및 성적 향상 가능성 확인 → 15점 이상 향상(평균 70점 기준)
3단계	공부에 재미 붙이는 시기(85점 이상) 10개월 이상
4단계	상위권(90점 전후) 진입을 위해서는 1년 정도의 시간이 필요하며 현재보다 20~30점 정도 향상될 때 공부에 재미가 붙기 시작 (단계별 점수 기준은 지역에 따라 다름)

지난 시험 성적이 향상되었다고 해서 다음 시험에서도 성적이 향상될 수 있다고 생각해서는 안됩니다. 물론 예전에 비해 가능성이 많은 것이 사실이지만 전 단원에서 기초와 응용력을 확보했을 때 상급 학년 성적이 향상되므로 결국 성적 향상에 대해 확신을 가지려면 2년 정도는 지켜보아야 합니다.

가장 중요한 것은 공부에 대한 인식과 학습 습관 그리고 상급 학년이

되면서 자연스럽게 주어지는 학습 난이도, 학습량 등을 감안한 학습 시간 배정 그리고 강제가 아닌 자발적으로 이루어져야 한다는 것입니다.

약한 과목 극복의 필요성

좋아하는 음식이 있는가 하면 싫어하는 음식도 있듯이 약점이 없는 사람이 없고 장점이 없는 사람도 없다는 것은 누구나 알고 있는 이야기입니다. 공부도 역시 크게 다르지 않으며 좋아하는 과목과 싫어하는 과목이 있는 것은 지극히 당연합니다.

그러면 약한 과목이란 무엇인지 알아보겠습니다. 약한 과목 즉, 특정한 과목에 점수가 낮다는 것은 선천적이든 후천적이든 기초가 탄탄하지 못하다는 것을 의미하며 또한 시간 배정에도 인색하다는 특징이 있습니다.

약한 과목을 없애려면 어떻게 해야 할까요?

❶ 약한 과목의 원인이 무엇인지 파악한다

약한 과목은 선천적일수도 있지만 대부분 외부적인 요인에 기인하는데 어렸을 때 약한 과목과 연계된 꾸중, 기초 부족, 중요성 인지 미비로 학습 제외 등으로 볼 수 있습니다.

❷ 심적으로 안정을 찾는다

나도 잘할 수 있다면서 자신에게 최면을 걸어 불안함을 떨치려고 노력해야 합니다.

❸ 약한 과목 극복의 필요성을 인지해야 한다

가장 중요한 것으로 싫어하고 스트레스를 받는 과목을 포기하거나 멀리하는 것이 당연하나 만점으로 만들어야하는 분명한 이유를 느끼고 있어야 합니다.

❹ 못하는 원인을 파악한다

약한 과목으로 변한 이유를 파악해야 하는 것은 원인을 알아야 대안 프로그램을 마련할 수 있기 때문입니다.

❺ 문제가 발생한 시기를 파악한다

부족한 부분을 파악하여 보완할 수 있도록 모르는 부분(수준에 무관) 학습 커리큘럼을 만듭니다.

❻ 바쁘다고 서두르지 않는다

약점의 빠른 보완을 위해 조급하게 생각하거나 학습량을 과하게 책정하지 않아야 하는 것은 거부감이 일어나는 경우가 상당하기 때문입니다.

❼ 약한 과목의 학습 시간을 황금대 시간으로 배치한다

회피하는 과목이므로 적은 학습으로 많은 결과를 도출하기 위해 집중력이 가장 강한 학습 시간의 앞부분에 배치합니다.

❽ 학습 횟수를 증가시킨다

약점이 있다는 것은 이해력이 약하다는 것이며 이해력이 약하다는
것은 집중력이 약하다는 것을 의미하므로 학습 시간을 타 과목의
30~40% 비율로 정하고 빠른 결손 보완을 위해 학습 횟수를 증가시
킵니다.

> 타 과목 50분 배정시 약점과목은 20분 정도 배치하고 회수는 2~3배 증가시켜 짧
> 은 학습시간으로 집중력과 회수 증가로 결손보완에 용이하다.

❾ 시간 배정이 어려울 때

결손 보완을 위해 많은 시간 배정이 불가능할 경우 월등한 과목의
시간을 한시적으로 줄이고 약점 과목 시간으로 배분한다.

만점 과목(자신 있거나 자신이 가장 좋아하는 과목)의 시간을 줄여도 문제가 되
지 않는 것은 기초가 탄탄하기 때문에 시간 배정이 적어도 알아서 대처하
며 또한 약간의 문제가 발생해도 조만간 문제 부분을 스스로 해결할 수
있기 때문입니다. 떨어진 점수는 약한 과목에서 향상된 점수로 오히려 득
이 될 수 있습니다. 또 한 가장 중요한 것은 약한 과목을 없앨 수 있어 머
지않아 극상위권 진입이 가능하다는 것입니다.

부모가 알아야 할
공부의 4원칙!

>>> **41**

공부의 4원칙

공부, 무조건 열심히 하면 된다고 생각하는 경우도 있으나 일정한 원칙이 있습니다. 우등생과 열등생의 차이를 파악하는데 필요한 부분으로 다음에 내용을 세분화시켜 보겠습니다.

엉덩이

공부를 시작했을 때 의자에 엉덩이를 어느 정도 붙이고 있느냐 즉, 공부에 집중하는 시간으로 자리를 이탈하지 않는 것을 기준으로 합니다.

가장 재미있는 일을 할 때 집중 가능한 시간 기준	
• 초등 1~3학년 : 30분 전후	• 초등 4~6학년 : 40분 전후
• 중등 1~2학년 : 80분 전후	• 중등 3~고1학년 : 100분 전후
• 고등 2~3학년 : 120분 전후	

공부를 하는 동안 필기를 하는 것을 의미합니다. 성적이 부진할수록 필기를 싫어하는데 필기를 하려면 신경을 써야하기 때문이며 움직이는 것 자체를 싫어하는 경향이 많습니다. 그러나 필기가 집중력을 강화시키는데 도움을 주는 것은 필기를 하는 동안은 따른 생각을 하지 않기 때문입니다. 또한 필기가 학습에 도움이 되는 것은 필기 과정을 살펴보면 이해할 수 있습니다.

▶ 필기의 4단계

1단계	필기할 내용 확인(필기할 범위를 확인한다)
2단계	필기할 내용을 머리속에 기억(필기할 내용을 머릿속에 저장할 수 있을 만큼 일단 저장한다)
3단계	저장한 내용 필기(필기가 시작되면 임시 저장했던 내용을 되뇌이며 최대한 빠른 속도로 필기하는데 거미가 집을 짓기 위해 자신의 몸에서 실을 뽑아 집을 짓듯이 머릿속에 저장했던 필기할 내용을 하나하나 기록한다) [이해 정도에 따라 필기(기억량)는 수배의 차이를 보임]
4단계	필기 후 필기 내용 확인(자신이 기억한 내용의 필기가 끝났다고 생각하면 자신도 모르게 필기한 내용을 점검한다)

❖ **성적이 부진한 학생이 필기를 싫어하는 이유**

- 성적이 부진할수록 생각하기를 싫어하고, 움직이는 것을 싫어하는 특성을 가지고 있다고 합니다. 그들은 공부를 하라고 하면 처음에는 하는 듯하나 몇분도 지나지 않아 잡생각으로 가득 차는데 그것은 학습할 내용을 이해하지 못하기 때문입니다.
- 필기의 중요성을 인지하지 못하고 있기 때문입니다.

- 필기에 습관이 들지 않아 조금만 필기해도 손가락, 손목, 어깨, 허리, 심지어 머리까지 통증을 호소합니다. 그러나 습관이 들면 조금도 어렵지 않으며 필기를 하지 않는 공부는 무언가 빠진 것 같다고 느껴지게 됩니다.

머리

공부는 이해의 과정이며 성적 향상은 이해로 직결되고 이해는 사고력에 의해 결정되며 사고는 머리로 합니다. 공부를 할 때 설명하는 것, 눈으로 보이는 것만 공부라고 생각하는 그룹이 있는 반면 공부 내용을 완전히 이해하기 위해 자신의 머리에 있는 바탕 지식과 배경 지식을 동원하려고 노력하는 그룹이 있습니다. 머리로 공부하는 그룹은 눈빛이 빛을 발하며 질문이 끊이지 않고 사전류를 항상 끼고 다닙니다.

가슴

공부의 4원칙 중 가장 중요하다고 할 수 있는 가슴으로 하는 공부입니다. 중요한 것은 스스로 결정하고 자녀 자신이 필요성을 느껴서 하고 싶어 하는 공부이기 때문입니다. 강요하지 않아도, 요구하지 않아도 스스로 하는 공부는 억지로 하는 공부보다 4배의 학습 효과가 있다는 통계가 증명하듯이 대단히 중요한 요소입니다.

위 4원칙을 충실히 지키며 일정 기간 공부를 충실히 했는데도 성적이 부진하다면 선천적으로 지능(I.Q)이 낮다고 볼 수도 있습니다. 또한 선천적

으로 지능(I.Q)이 낮다고 해도 자녀의 잘못이 아닌 것은 자녀에게는 선택권
이 없기 때문입니다. 그러나 위 4원칙만 충실히 지켜서 공부하면 다수의
학생들이 상위권에 진입하는데 전혀 문제가 없습니다.

1년만 참고 인내한다면 말입니다.

42

시험 방법을 바꿔 성적을 20% 올려라!

시험 방법의 습관화

본 주제에서는 최소의 노력으로 최대의 성적 향상 효과를 볼 수 있는 시험방법을 제시하고자 합니다. 시험에 응시하는 방법만 바꾸어도 성적이 20% 이상 향상되는데 필자가 고안하였지만 상당한 효과를 거둘 수 있었습니다.

시험은 개인의 수학 능력을 알아볼 수 있는 척도로 많이 활용하고 있습니다. 이 방법이 현재로서는 최선책이기 때문에 시행하고 있지만 문제를 가지고 있는 제도인 것만은 분명합니다. 시험을 잘 치르기 위해 많게는 몇 십 년, 적게는 몇 개월 동안 노력한 성과를 짧은 시간에 평가를 받다 보니 그날의 컨디션에 따라 많은 영향을 받기도 하며, 자신이 예상하고 학습한 부분에서 출제되지 않으면 원하는 성적을 얻지 못하여 실망하기도 합니다.

본 주제에서는 충분히 풀 수 있는 문제인데도 시험에 접하는 방법상의 문제로 인하여 자신의 능력을 제대로 발휘하지 못하고 점수를 잃게 되는 사례가 많아 이에 대해 얘기하고자 합니다.

일반적 시험 보기와 검토 방법

학생들은 일반적으로 시험을 볼 때 문제를 다 풀고 난 후 남은 시간을 이용하여 다시 재점검하는 방법을 가장 많이 이용하고 있습니다.

가장 좋지 않은 방법으로는 순서대로 문제를 풀어 나가다가 어려운 문제에 접했을 때, 그것을 해결하려고 너무 집착하다 시간을 지나치게 많이 뺏기게 되고 알고 있는 나머지 문제까지 풀지 못하는 낭패를 보는 것입니다. 그러다 보면 검토를 해볼 엄두도 못 내는데, 아래에 제시하는 새로운 방법으로 접근하면 문제 풀이는 물론 검토까지 할 수 있기 때문에 실수 없이 해답을 작성할 수 있어 20% 이상의 성적 향상 효과를 거둘 수 있습니다.

효과적으로 시험에 응하는 방법

❶ 난이도를 미리 확인하면서 등급을 정한다

시험지를 받고 문제 풀이에 들어가기 전에 심호흡을 길게 하면서 긴장을 푼 뒤 2~3분에 걸쳐 전체를 훑어보고 시험 문제의 등급을 자기 나름대로 분류해 체크합니다. 시험 문제에 대한 체크를 하면 자신이 예상한 점수대가 확보될 수 있다는 생각이 들 수도 있고 그렇지 못할 경우도 있는데, 만족할 경우 안심하고 자신 있게 시험에 임하는 반면 난이도가 자신의 예상보다 높을 경우 당황할 수도 있으나 원하는 점수 확보를 위해 더 신중해질 수도 있습니다.

❷ 등급이 정해진 순서에 의하여 문제를 풀어간다

다른 학생은 이미 몇 문제를 풀었을 것이라는 초조감을 버리고, 우선 ○표가 되어 있는 문제부터 차근차근 풀어 나가기 시작합니다.

시간 배정에 가장 까다로운 수학의 예를 들어보겠습니다(반 석차 20위권 성적을 가진 학생의 경우 문항수 25문제, 시험 시간 50분 기준의 예).

방법

확실히 알고 간단히 풀 수 있는 문제는 번호에 ○, 알고는 있으나 많은 시간이 소요될 것 같은 문제는 △, 그리고 알쏭달쏭한 문제는 □, 전혀 모르는 문제는 ✕로 표시를 한다. 많은 시간이 소요될 것 같아도 개인에 따라 차이는 있으나 2~3분 정도면 충분하다.

❖ ○ 표시 문제 풀이의 예
확실히 알고 있는 문제로 개인에 따라 다르지만 전체 문항의 70~80%(18~20문제) 정도이며 30분을 전후하여 문제를 풀 수 있다.

❖ △ 표시 문제 풀이의 예
알고는 있으나 시간이 많이 소요되는 문제로 2~3문제에 해당되며 한번 문제를 풀어 정답이 나오지 않을 경우 과감하게 포기한다. 점검 시간 5분 이내에 정답을 도출할 수 있다.

❖ □ 표시 문제 풀이의 예
알쏭달쏭한 문제로 2~3문제가 될 것이다. 한번 풀어서 안되는 문제는 미련을 갖지 말고 그대로 지나치며, 아는 문제라면 5분 정도면 풀이가 가능할 것이다.

❖ ✕ 표시 문제 풀이의 예
전혀 풀이가 불가능한 1~2문제로 시간이 있더라도 접근하지 말고 다음 시험을 대비하여 암기하거나 메모해 놓았다가 선생님이나 학원에서 철저하게 익혀 다음 시험에 대비한다.

위의 방법대로 문제를 풀 경우 전혀 모르는 ×문제 외에는 풀이가 가능하며 정답을 내는 데 소요되는 시간은 40분 정도입니다.

❸ 풀면서 문제에 대한 등급을 재 확정한다

문제를 풀어 보면 처음에 자신이 예상했던 난이도에서 빗나가는 경우가 일부 발생할 수 있습니다. 쉽다고 생각하였던 문제가 예상외로 어려울 수 있기 때문에 이때 등급 재조정 표시를 하면서 풀어 나가면 시간 내에 충분히 해결할 수 있습니다.

위와 같은 방법을 사용하면 아는 문제를 시간이 없어서 풀지 못하는 경우는 발생하지 않습니다.

❹ 약간의 준비로 성적을 10% 이상 향상시키는 새로운 검토 방법

시험 볼 때 검토를 아주 가볍게 생각하는 경우를 종종 볼 수 있습니다. 검토는 문제를 다 풀고 시간이 남을 경우에 하거나 시간이 없으면 안해도 무방한 것으로 알고 있으며, 성적이 좋은 일부 학생을 제외한 대다수의 학생들이 검토를 소홀히 생각하는 경우가 많습니다. 그것은 자신이 알고 있는 것은 최선을 다하여 기록했으므로 실수할 리 없다는 생각이 지배적이기 때문에 검토할 필요성을 느끼지 못하고 황금같은 나머지 시간을 소비합니다. 그러나 이런 학생일수록 막상 채점된 시험지를 받고 놀라는 경우를 많이 봅니다.

○표시의 문제를 다 풀었으면 바로 △표시의 문제 풀이로 들어가지 말고 ○표시의 문제를 검토합니다. 먼저 검토를 시작하기 전에 몇 초 눈을 감고 있거나 인상 깊었던 것을 떠올리며 긴장 해소에 주력합니다.

❺ 고정 관념에 따른 검토 순서를 배제한다

문제를 푼 순서대로 하지 말고 끝 문제부터 검토를 시작하여야 합니다. 그 이유는 정신 집중력이 뒤로 갈수록 흐려져서 약간 혼미한 상태에서 문제를 풀었기 때문에 집중력 약화로 실수가 발생하였을 가능성이 많이 있으므로 검토를 역순으로 하면 앞에서처럼 마음을 가라앉히고 집중력이 강해진 상태에서 하기 때문에 실수한 것을 발견할 가능성이 한층 더 많습니다. 그래서 검토를 역순으로 하라는 것이고 점검은 정답 번호를 잘못 기재하였거나 답을 밀려서 써내려 가지 않았는지 등에도 중점을 두어야 합니다.

정답을 기록하는 방법을 두 가지로 분류하고 장·단점 비교

❶ 문제를 다 푼 후 답안지에 답을 기록하는 방법

장점

획일화되어 간단하고 편한 느낌을 줄 수 있고 예전부터 사용해 온 방법이었기 때문에 습관화되어 있어 친근감을 느낄 수 있다.

단점

동일한 과정의 반복, 즉 복잡한 문제를 풀던 과정에서 단순하게 정답만을 기록하는 과정으로 연결되기 때문에 싫증을 빨리 느껴 집중력 저하로 실수를 유발시키며 답안지에서 한 문제의 정답이 어긋날 경우 그 뒤 문제가 연이어 오답 처리될 수 있는 위험성을 내포하고 있다.

❷ 한 문제 풀고 곧장 정답을 기록하는 방법

한 문제를 풀고 즉시 정답을 기록하는 것이 번거롭다고 생각할 수 있으나 좋은 점이 더 많다.

① 실수를 방지한다. 한 문제를 풀고 즉시 해당란의 답안지에 답을 기록하기 때문에 한꺼번에 기록할 때 발생할 수 있는 밀려 쓰는 실수를 미연에 방지할 수 있다.
② 집중력을 강화시킨다. 풀이하면서 쌓인 스트레스를 정답을 적으면서 해소할 수 있어 집중력을 강화시킨 후 새로운 마음으로 다음 문제에 접근할 수 있다.
③ 의욕적으로 시험에 임할 수 있다. 시험지를 받고 초기에는 아는 문제만 풀기 때문에 자신감을 가질 수 있어 의욕적으로 문제를 풀 수 있다.
④ 처음에는 번거롭고 복잡하다는 느낌에 약간 이질감을 느낄 수도 있다. 그러나 자주 연습하고 시행하다 보면 곧 해소될 수 있는 사안이다.

난해한 문제에 대한 복안과 효과적인 대처법

자신의 능력으로 가능할 것 같으나 시간이 많이 소요될 것 같은 난해한 문제는 앞에서 제시한 방법으로 문제를 다 풀고 남은 시간에 다시 도전해서 풀어 보는 시간을 갖습니다.

중요한 것은 어려운 문제는 한 문제를 풀더라도 상관없으니 시간이 없다는 강박 관념을 갖지 말아야 한다는 것입니다.

한편 너무 어려워 손도 대보지 못한 문제가 있다 하더라도 언짢아할 필요가 없고 속이 상한다고 해서 풀리는 것도 아니기 때문이다. 또한 반드시 순서대로 풀어야 하고 틀리더라도 끝까지 다 풀어 봐야 한다는 고정관념을 버려야 합니다.

지금까지 제시한 대로 시험 방법을 바꾸면 20%의 성적은 확실히 향상됩니다. 이를 실천하기 위해 부모님은 필요성을 꼭 인식하고 새로운 시험 방법에 대해 평상시 1~2분 정도 자녀를 교육하고 테스트해 보도록 하십시오. 이 과정에서 생기는 문제점은 개선시켜 주고 필히 평상시에 시험 방법을 습관화시켜 학교 시험이나 입시 시험에 적용하면 실수가 방지되어 적은 노력으로 최대의 성과를 거둘 수 있습니다.

많은 문제집의 장·단점

많은 문제집, 정말 성적 향상에 도움이 될지 생각해 보겠습니다. 성적 향상을 위해 문제집은 절대적으로 필요하다고 인식하고 있으며 사실일 수도 있습니다.

그러나 문제집은 활용 방법에 따라 긍정적일수도 부정적일 수도 있습니다. 실제 학원(원장, 강사)에 따라 문제집을 선택하는 성향과 기준이 상당한 차이를 보입니다. 시험 기간이 되면 시험 대비를 위해 문제집을 적게는 2권, 많게는 8권을 준비하기도 합니다. 즉, 몇 권을 풀어 주었냐로 시험 대비 만족도를 가늠하는 척도로 생각하기도 합니다.

왜 문제집을 끝내는 권수와 시험 성적이 정비례한다는 신념을 가지게 되었을까요? 과연 문제집을 많이 푸는 만큼 성적이 향상될 수 있을까요? 물론 효과가 있을 가능성은 많지만 성적 향상 비율의 폭이 문제입니다. 다

양하고 많은 문제집 위주의 학습 역시 상위권 원생들에게 절대적으로 유
리한 프로그램이며 중위권, 중하위권 학생들에게는 별로 좋지 않습니다.

많은 문제집 학습이 왜 상위권(95점 이상)에게 유리한가?

❶ 문제를 많이 접할수록 응용력을 기를 수 있다(교과서 위주의 기초 학습은 기본
적으로 된 상태)

❷ 80~90%는 알고 있는 문제이기 때문에 흥미를 느낄 수도 식상할 수도
있다

❸ 풀어야 할 문제, 무시해도 되는 문제, 질문할 문제를 스스로 파악할 수
있다

교과서는 이미 학습을 마친 상태이므로 문제 위주, 특히 난해한 문제
위주의 학습 프로그램으로 극상위권에 진입할 수 있습니다.

왜 많은 문제집(많은 종류) 학습이 중위권, 중하위권 학생에게 해가 될까?

❶ 문제를 많이 접하는 만큼 성적과 연계되는 비율이 적다(교과서 위주의 기초
학습이 되어 있지 않아 이해 위주가 되지 않을 수도 있기 때문에)

❷ 알고 있는 문제가 50% 전후로 흥미를 느끼지 못하는 것은 일정한 시간
에 많은 문제집을 접해야 하기 때문에 설명 속도가 너무 빠르다

❸ 문제에 대한 유형 파악 부족으로 풀어야 할 문제, 무시해도 되는 문제,
질문할 문제를 구분하지 못한다

기초 부족으로 문제 풀이를 많이 하는 만큼 노력에 비해 성적 향상 효과는 적어집니다. 그러므로 90점 이하는 교과서 학습에 90% 이상 비중을 두고 문제 풀이는 1~2회 정도에 국한하는 학습 방법이 오히려 성적을 향상시킬 확률이 월등히 많습니다. 자녀의 수준을 고려하지 않은 획일적인 학습 프로그램은 시험 결과가 자녀의 기초 부족이나 게으름탓만 하기 때문에 나쁘게 나오면 성적 향상은 불가능하게 되는 것입니다.

많은 문제집의 장점

① 응용력을 높일 수 있고, 평가를 자주할 수 있다.
② 다양한 문제를 접할 수 있어 응용력이 높아진다.

많은 문제집의 단점

① 알고 있는 문제의 답을 구하는 시간은 손실로 이어지고 이해가 필요한 문제에 대한 시간 배정이 적어진다.
② 응용하는 범위가 넓어 분별력이 떨어진다.
③ 금전적인 부담과 함께 진도를 나가지 못한 부분이 있는 경우 항의를 받을 수도 있다.

문제집을 효과적으로 활용하는 방법

❶ 학교 진도보다 약간 앞 또는 늦게 진도를 나간다(80점 이하는 예습, 복습을 병행한다)

❷ 학원수업과 동시에 체인식(노하우 학습프로그램) 수업으로 시험 준비를 동

시에 한다

❸ 문제집은 1권을 활용한다(우등생은 제외)

❹ 수준에 따라 문제가 첨삭되어야 한다

문제집을 활용한 맞춤 시험 준비(90점 이하)

❶ 교과서를 재점검한다

❷ 문제집은 1권을 기본으로 채택한다

❸ 채점은 학부모가 직접한다

❹ 답은 답안지에만 기록하게 한다(문제집에 직접 기록 금지)

❺ 시험 전까지 2~3회 이상 사용한다

❻ 시험 직전에 문제집에서 문제를 직접 푼다

❼ 문제집은 부모가 회수 보관한다

❽ 틀린 문제는 표시를 한다(1차 △, 2차 ■, 3차 ※)

❾ 틀린 문제는 주관식으로 재편집해 출제한다(필수 요건)

❿ 틀린 문제는 원인과 정답을 찾은 이유에 대해 주관식으로 기록하게 한다

수학인 경우 풀이 과정을 자세히 기록하며, 기타 과목은 답이 되는 이유로 교과서
를 참고해 주관식으로 기록한다.
예 : 교과서 ○○쪽 ○○페이지 위에서 ○○ 줄에서 ○○까지

가정에서 학부모님의 역할은 확인 학습과 점검으로 모든 것을 '학원 등 사교육 기관에서 알아서 해주겠지'라고 생각해서 믿고 맡기는 것은 어리석은 일이라 생각합니다. 학원은 수십 명을 넘어 수백 명의 학생을 학습시키기 때문에 완벽한 강의와 관리가 불가능 할 수 있기 때문입니다.

학부모님이 가정에서 지도할 수 있는 방법을 제시합니다. 학원이나 학교에서 진도를 나간 부분의 문제를 주관식화시켜 자녀에게 풀어보게 하고 틀릴 경우 학원 선생님에게 재설명을 요청하고 다시 수일 후 문제를 출제하여 이해 상태를 파악하는 과정을 반복하도록 합니다.

그리고 자녀의 성적이 90점 이하라면 1권이 바람직하고 2권 이상의 문제집을 선택하는 것은 성적을 향상시키는데 도움이 되지 않는다는 것을 잊지 않아야 합니다.

학원에 수강하지 않아도 문제집 구입 후 학교의 진도가 나간 후 문제를 풀어보게 하고 모르는 문제는 선생님께 부탁할 수도 있고 개인 지도를 시키더라도 자녀가 모르는 문제를 확보해 지도하게 하고 다시 정답 여부를 확인하고 재지도를 요구하는 과정을 거치면 성적은 수직 상승하게 됩니다. 결론적으로 90점 이하는 문제집 1권이면 충분하고 교과서에 비중을 두어야 한다는 것이며 이 점을 꼭 기억해야 합니다.

90점 이하 자녀의 문제집 활용법!

효과적인 문제집의 활용법

성적 향상의 절대적인 요소로 많은 학습량을 1순위로 꼽는데 여기에 이의를 제기하지는 않습니다. 학습량과 성적 향상이 정비례할 수도 있지만 그렇지 않는 경우도 상당합니다.

가장 비중이 많은 것이 학습 방법이라고 할 수 있습니다. 노력하는 만큼 성적이 향상되지 않는 것은 학습 방법의 문제가 대부분을 차지하며 간혹 학습 외적인 예외도 있지만 미미하다고 봅니다. 문제는 극상위권, 상위권, 중상위권, 중위권, 중하위권, 하위권의 학습 방법은 점수차이 만큼이나 차별화되어야 하는데 오늘날 학교나 학원, 가정에서 그렇지 못한 것이 현실임을 알 수 있습니다.

성적 향상을 위해 알아야 하는 것은 '학교의 시험 문제 출제자는 누구인가?' 라는 것입니다. 시험 문제의 출제 주체가 누구라는 것을 아는 것이 대단히 중요한 것은 선생님의 입장에서는 시중에 있는 문제집, 학원 강의 중에 다룬 문제는 철저하게 배제하려는 기본 원칙이 있기 때문입니다. 반면 학원에서는 출제할 가능성이 있는 문제를 집중적으로 다루고 있는데, 학교 시험(보통 30문제 이내) 대비를 위해 수백 문제를 다루며 장님 문고리 잡는 식의 강의를 하고 있는 것이 현실입니다. 그리고 학원에서는 출제자인 학교 선생님의 유형 파악에 골몰해야 하나 그리 비중을 두지 않는 경우가 다수를 차지합니다.

그러면 성적을 향상시키는 가장 확실한 방법으로 교과서에 중점을 두어야 하는 것은 시험 문제는 꼭 교과서에서 출제해야 한다는 규정이 있고, 충실히 지켜야 하며 또 지키고 있기 때문입니다. 교과서 위주 학습이야 말로 성적 향상을 위해 가장 많은 비중을 두어야 한다는 주장에 다른 의견을 제시할 필요가 있을까요? 본장에서는 90점 이하 자녀의 문제집 활용에 대해 알아보겠습니다.

문제집 1권 활용의 이점

❶ 교과서 위주 학습이 가능하다

문제 풀기에 중점을 두었던 예전 학습과 달리 문제집 풀이를 줄일 때 발생한 잉여 시간을 교과서 학습 시간으로 배정하면 기초 학습과 원리 학습을 할 수 있어 미래 성적 향상이 가능합니다.

❷ 학습에 대한 부담이 감소한다

문제집 1권만으로 학습 계획을 세우면 그 순간부터 시간에 대한 압박감으로부터 벗어날 수 있습니다. 3~5권을 접하다가 1권을 기준으로 시간 배정을 하기 때문입니다.

❸ 과학적인 공부 방법을 익힐 수 있다

교과서 먼저 정복하기, 문제집 1권으로 10권 이상 학습한 효과 내기, 틀린 문제 반복 하기, 오답 노트 만들기 등 과학적인 공부 방법을 익힐 수 있습니다.

❹ 반복 학습이 가능해진다

문제집을 1권만 하는 목적은 반복 횟수를 증가시키려는데 목적이 있으며 90점 이하는 절대적으로 필요하며 문제집 1권만 사용하므로 인해 틀린 문제만 집중적으로 반복할 수 있어 이해력 향상에 결정적인 도움을 받을 수 있습니다.

❺ 학습량이 급격히 감소한다

틀리거나 헷갈리는 문제 위주의 학습으로 반복할 때마다 학습량은 현저히 감소합니다.

문제집 활용 방법

❶ 교과서를 완전히 파악하게 한다

문제를 접하기 전에 교과서를 먼저 완전히 파악해야 하는 것은 문제를 교과서에서 출제했기 때문입니다.

❷ 교과서 익힘 문제를 꼭 풀어보게 한다

학원 강의는 주로 교과서를 배제하고 문제집 위주의 학습을 하는 관계로 학생은 교과서의 익힘 문제의 필요성조차 인지하지 못하고 있는 것이 현실입니다. 교과서의 익힘 문제는 꼭 풀어보아야 합니다.

교과서 제작에 참여한 분들이 교과서를 이해하는데 꼭 필요한 문제
라고 생각해서 출제했기 때문입니다.

❸ 문제의 답을 답안지에 기록하게 한다

답을 문제집에 곧장 기록하지 말고 답안지를 따로 만들어 기록해야
하는 것은 문제집의 사용 횟수를 많게 하기 위해서입니다.

❹ 문제집은 깨끗하게 사용하도록 지도한다

문제를 풀 때는 연습장을 준비해 기록하고 문제집에는 문제를 푼 흔
적은 하나도 남기지 않아야 합니다. 다음에 문제를 풀 때 힌트가 될
수 있기 때문입니다.

❺ 틀린 문제 번호에 표시하게 한다

채점이 끝나고 나면 틀린 문제의 번호 앞에 문제를 푼 날짜를 기록
합니다(실수로, 헷갈려서, 문제 파악 미숙으로, 전혀 몰라서 등의 틀린 사유도 기입).

❻ 틀린 문제는 오답 노트를 꼭 만들게 한다

- 수학 : 문제와 함께 정답을 도출하는 과정을 정자체로 자세히 기
  록(틀린 이유 추가)
- 영어 : 문제는 물론 문제와 연계된 본문을 함께 기록
- 암기 과목 : 문제와 함께 답이 나와있는 교과서 페이지 기록

  예 : 문제 ○○번 사회 교과서 ○단원 ○○쪽 위부터 ○○째줄에서
  ○○째줄까지일 경우 틀린 문제 아래에 문제를 이해하는데 필
  요한 교과서 내용을 필기한다.

❼ 틀린 문제만 다시 풀게 한다

문제가 틀렸다는 것은 그 부분에 약점이 있다는 것을 의미하므로 망

각하기 전에 재복습할 수 있어야 합니다. 한번 틀린 문제는 오답 과정을 거처 1주일 이내 문제집 활용 방법으로 문제를 접하며 틀린 문제만 풀게 하는데 1주 단위로 동일한 과정을 반복하게 합니다. 반복할 수록 오답 문제는 기하급수적으로 줄어드는데 그것은 학습량의 감소와 함께 족집게처럼 모르는 문제만을 선별해 학습할 수 있기 때문입니다.

❽ 시험 1주일 전에 총정리 시킨다

시험 1주일 전에 문제를 100% 풀게 하고 문제집에 직접 답을 기록하게 하고 최종적인 오답은 중요한 문제가 될 수 있으므로 재설명을 하거나 자녀와 같이 연구 또는 학교 선생님, 학원 강사님에게 도움을 요청합니다.

위와 같이 학습할 경우 틀린 문제를 집중적으로 반복 학습할 수 있어 성적 향상에 결정적인 도움을 줍니다. 이처럼 시험 준비를 하면 1권의 문제집이지만 몇권의 문제집을 접한 것보다 더 성적 향상에 효과를 나타내게 됩니다.

75~85점대 자녀의 성적 향상 비법!

성적을 수직 상승시키는 비법

75~85점대 자녀를 둔 학부모님을 위하여 필자의 생생한 경험을 바탕으로 성적을 수직 상승시킨 비법을 공개하오니 참고하시기 바라며 특히 90점에서 98점대 진입에 어려움을 겪는 학생들에게 기초 학습력 강화로 극상위권 진입을 가능하게 할 것입니다.

아이의 성적이 낮을수록 부모의 마음은 조급해질 수밖에 없고 그래서 빠른 시간 내에 좋은 결과를 요구하는데 부모로서는 우수한 자녀와 비교할 수밖에 없어 당연할 수 있습니다. 그러나 서두르는 만큼 성적이 빨리 향상될까요?

문제는 급하게 서두르거나 독촉할수록 성적 향상과는 더욱 멀어질 수 있다는 것입니다.

성적이 낮다는 것은 학습력에 문제가 있다는 것으로 호기심, 기초, 집중력, 적극성, 인내심, 이해력 등 학습에 필요한 요소가 뒤진 만큼 결핍되어 있다는 것입니다. 즉, 성적이 우수한 아이가 2시간 학습을 무난히 소화하는 반면, 열등생은 더욱 많은 시간을 인내하여 학습량을 소화해야 함에도 불구하고 20분만 경과해도 싫증을 느끼며 회피하려고 한다는 것이 문제입니다.

85점 이하 학생의 학습 특징

❶ 공부라는 용어 자체만으로도 스트레스를 받는다

❷ 학습 집중 시간이 현저히 짧다

❸ 기초 부족으로 학습 내용의 대부분을 이해하지 못한다

❹ 어른(학교 선생님, 사교육 기관 강사 등) 자체에 대해 강한 거부감을 갖고 있는 것은 어른은 자신을 괴롭히는 적으로 생각하기 때문이다

❺ 짧은 집중력과 집중하는 시간에 비해 학습 효과도 현저히 적다

❻ 공부를 잘할 수 있다는 확신을 가지고 있지 않다

위와 같은 사고를 가진 아이에게 단기간에 높은 성적을 요구하는 것은 공부 자체를 포기하게 하는 것과 같습니다. 중요한 것은 부모가 자녀를 너무 모르고 있으며, 지도하는 입장에서도 아이에게 일방적으로 받아들이기를 강요하고 있다는 것입니다. 뿐만 아니라 성적 향상의 가장 큰 장애는 학습량이 적어 성적이 안 된다고 생각하는 것이 가장 큰 문제입니다.

75~85점대의 성적 향상을 위해서는

❶ 공부를 하는 당사자인 아이에게 초점을 맞추고 호기심을 유발할 수 있도록 초기에는 학습량을 최소화시킨다

❷ 80% 정도는 아는 문제 또는 이해할 수 있는 학습량을 제시해 공부에 대해 긍정적인 생각을 가지게 한다

❸ 공부에 자신감을 갖게 하기 위해 작은 성취감을 느끼게 해야 한다

❹ 최소의 노력으로 최대의 효과가 가능한 과학적인 공부 방법(스스로 학습법, 자기 주도 학습)을 지도한다

❺ 1과목만이라도 우수하게 만든다

대단히 중요한 사안으로 단기간의 노력으로 성적 향상이 가능한 이해 위주의 1~2과목(도덕, 사회, 국사, 가정, 기술 등)을 선정해 집중적으로 학습시키는 방법으로 장점은 다음과 같습니다.

장점

① 자신감을 가지게 된다.

과목에 상관없이 자신의 노력으로 나도 남보다 잘하는 과목이 있다는 것에 자신감을 가지게 된다.

② 성취감을 느끼게 된다.

지금까지 고생해서 얻은 결과로 뿌듯한 마음과 함께 지금까지의 고생이 눈녹듯 사라진다.

③ 자부심을 가지게 된다.

자신에 대한 열등감이 서서히 없어지면서 남과 동등하다는 생각을 넘어 오히려 우수하다는 생각을 하게 되어 매사에 적극적으로 변한다.

따라서 기초에 비중이 적은 과목 중 1~2과목을 선정해 맞춤식 집중 학습(시간, 지도량, 과학적인 학습법 등)으로 성적이 수직 상승하면 학습 방법도 알게 되면서 성적 향상에 대한 가능성을 강하게 느끼게 됩니다.

아이가 성적 향상이 되면서 자기 자신이 성취감, 자신감, 집중력이 높아지게 될 때 학습 시간과 과목 수를 증가시켜 성적 향상을 꾀해야 합니다. 흡사 잔잔한 호수에 돌을 던지면 서서히 물결이 외곽으로 원형을 그리며 번지듯이 성적 향상을 위한 공부도 유사한 형태로 진행되어야 합니다.

75~85점대 자녀의 성적 향상 전략

❶ 커뮤니케이션에 주력한다

공부의 장애가 심한(성적이 낮을수록) 아이일수록 부모님(학교 선생님, 사교육 선생님)이 자신을 괴롭히는 존재라고 생각한다는 것입니다. 그러므로 성적 향상을 원한다면 선행되어야 하는 것은 우선 커뮤니케이션이라는 사실을 명심해야 합니다.

❷ 부모는 아이편이라는 것을 주지시킨다

❸ 학습 시간을 최대한 줄인다

❹ 한 문제를 풀어도 100% 이해시킨다

성적이 부진한 아이의 대부분은 성취감을 느끼지 못한 경우가 주원인인 경우가 많으므로 노력한 만큼 성적이 향상으로 나타날 때 더욱 열심히 할 수 있는 계기가 마련됩니다. 그러므로 한 문제를 풀더라도 시간에 상관없이 완전히 이해시킬 때 노력한 결과를 확인할 수 있어 성적 향상에 대한 가능성을 가지게 됩니다.

❺ **지금도 늦지 않았다는 것을 교육한다**

늦다고 생각하는 때가 가장 빠른 때라는 속담도 있듯이 늦은 때라는 것은 없다는 것을 인식시켜야 하며 1년 정도면 누구나 상위권 또는 극상위권으로 진입할 수 있고 포기하는 것을 방지할 수 있기 때문입니다.

❻ **공부를 잘할 수 있다는 희망을 심어준다**

현재 상태에서 변하는 만큼 성적이 향상된다는 사실을 인지시키기 위해 가능한 쉬운 문제를 접하게 하여 성취감을 자주 느끼게 하면 자신감을 얻게 되어 지속적인 성적 향상이 가능하게 됩니다.

맞춤식 학습으로 성적을 높여라! **46**

소몰이식 학습

맞춤식 학습의 장점

❶ 학습이 재미있다

맞춤식(체인식) 학습의 최대 장점은 부정적으로 생각하고 있는 75~85점대 자녀들이 공부에 흥미를 느껴 적극적으로 참여한다는 것입니다.

❷ 노력하는 만큼 성적 향상으로 나타난다

예전 학습과는 달리 성적 향상이 막연하거나 희망사항이 아닌 노력하는 만큼은 분명히 성적 향상 효과를 볼 수 있습니다.

❸ 문제를 심도 깊게 다룰 수 있다

한 문제를 다루어도 100% 이해할 때 다음 문제를 접하게 하는데 주

목적을 두기 때문에 배운 것은 100% 이해시키고 기억하게 됩니다.

❹ **불필요한 문제로 인한 스트레스를 받지 않는다**

공부에 흥미를 잃는 것은 수준에 맞지 않거나, 불필요한 문제로 인해서입니다. 75~85점대 아이들이 받는 스트레스의 대부분은 풀 수 없는 어려운 문제로 학습 시간의 대부분을 할애하기 때문인데, 본 프로그램은 성적 향상과 직결되며 간단한 설명으로도 이해가 충분하고 알쏭달쏭한 문제 풀이에 비중을 두기 때문에 강의시 받는 스트레스를 최소화시킬 수 있다는 것이 특징입니다.

❺ **진도와 학습량에 구애를 받지 않는다**

기존 학습과는 달리 양적인 학습에 비중을 두지 않고 이해 정도에 초점을 맞추므로 시험 범위에 상관하지 않고 문제 이해에 비중을 둡니다.

강의의 예시(소몰이식 지도)

코끼리나 소 등 몸집이 큰 동물은 원하는 방향으로 진행하기 위해서 작은 동물(애완용)처럼 앞에서 강제로 당기지 않고 뒤에서 방향 제시만 할 때 원하는 목적지에 도착시킬 수 있습니다. 이처럼 이해를 전제로 해야하는 학습은 더욱 절실합니다. 가정에서 모처럼 아이에게 지도할 때 이렇게 시작되면 절대 안 됩니다.

【 잘못된 지도 방식 】

부모 (문제를 설명하기 전에) 아직도 몰라! 내가 뭐랬니? 설명을 잘 들어

보라고 했지. (라며 째려본다.) 시간 없어 잘 봐! (라며 빠른 속도로 설명을 하기 시작하면 자녀는 처음에는 집중하다가 조만간 시선을 떨어뜨리고 마는 것은 설명을 미처 따라잡을 수 없기 때문이다.)

부모 (설명을 끝내고 자녀에게) 알았지? (라고 질문한다.)

자녀 (몰라도 대부분 알았다고 하는데 간혹 모르겠다는 표정을 짓거나 재설명을 요구하기도 한다.)

부모 (도끼눈으로 한번 험하게 째려보고) 시간 없다고 했잖아! 다음에 해줄게. 알았어? (또는) 어휴! 돌아버리겠어! 다시 한번 더 설명해 줄거야. 잘 들어 이번에도 몰랐다만 봐라! (또는 한 대 쥐어박으며) 모를 줄 알았어! 이제 다시는 설명 안 해! 이번이 마지막 설명이야! (설명이 반복될수록 더욱 빠른 속도로 일방적인 진행이 되고) 이제 알았어? (라고 할 때, 공포를 느낄 정도로 분위기가 살벌하다.)

자녀 (부모의 질문에 후환이 두려워 대부분 '네' 라고 대답한다.)

지금 공부하는 분위기나 방법을 한번 생각해 보십시오. 대부분 위와 같은 형태를 띠는 경우가 다수를 차지합니다.

소몰이식 지도는 위와는 전혀 반대의 개념입니다. 여기서 학습 지도하는 방법을 제시하겠습니다.

【 적절한 소몰이식 지도 】

자녀 엄마! 모르겠어요!

부모 어, 그래! 어디를 모르는데

자녀 다 모르겠어요!

부모	아니야! 자세히 살펴보면 아는 것과 모르는 것이 있을거야! 살펴보면 아는 것도 있을 거야! 재! 천천히 찾아봐! 시간은 충분히 줄 테니까?
자녀	정말 있을까요? 아! 아는 것이 있기는 한데 이건 잘 모르겠어요.
부모	그래 어디보자. 음? 이 문제는 너한테는 좀 어렵기는 하겠다. 그러나 할 수 있어. 천천히 같이 해보자! 자~ 풀어봐! (자녀에게 문제를 풀게 하고 부모는 옆에서 지켜본다.)
자녀	(열심히 풀다가 막히면 잠시 버벅거리다가) 엄마, 모르겠어요!
부모	그래, 좀 더 생각해 봐. 풀 수 있겠는데…. (라며 설명을 보류하며 풀기를 기다린다.)
원생	(풀다가 안 되면) 설명 좀 해주세요. 정말 모르겠어요! (라고 하면 힌트를 약간 준다.)
부모	(다음 단계를 풀 수 있도록 유도하고 기다리면서 고민하게 만든다.)
자녀	(다시 모르겠다는 하소연을 하면)
부모	(더 많은 생각을 요구하고 힌트만 주면서 자기 주도 학습으로 유도하면서 문제 정답을 유도하고 정답 도출시) 봐라! 네가 충분히 풀 수 있다고 했잖아. (라며 칭찬으로 설명을 종료한다.)

소몰이식 학습 특징

❶ 아이의 노력으로 문제를 풀게 하므로 이해력이 완벽해진다

❷ 아이가 주도적 입장이 되어 문제에 접근해 성취감을 느낀다

❸ 공부가 끝나고 땀을 닦는 위치가 부모에서 자녀로 바뀐다

❹ 접하는 문제는 적어도 많은 문제를 접하는 것보다 오히려 효율적이다

(1문제를 풀어도 확실히 이해하고 풀 수 있게 한다)

그런데 이 방식은 한 문제를 푸는데 많은 시간이 소요된다는 점이 문제이므로 개인 지도는 시간이 넉넉할 때 접근하는 것이 용이하며, 지도는 체인(쇠사슬)식 강의 방법을 적용하면 문제는 자연히 해결됩니다.

❖ 체인식 학습 268p 참고.

교육은 애완용 개를 다루듯이 앞에서 끌어당기는 교육이 아닌 뒤에서 방향 제시만 해주는 교육이 되어야 성적 향상 목표를 달성할 수 있다는 점을 꼭 기억하십시오.

과제물 점검의 문제점을 알자

현재 대부분 학원의 운영 현실을 감안한다면 과제물 점검도 상위권 위주로 이루어져(100% 정답 기준) 중하위권 학생들은 공부와는 점점 멀어지게 됩니다.

과제물 이행 유형은 3가지 구분할 수 있는데, 과제물 100% 이행형, 전무형, 일부분 이행형로 분류할 수 있고 이에 대한 체벌도 달라지게 됩니다. 그리고 가정에서 공부하기 전 과제물 점검을 위해 엄마가 보는 앞에서 쪽수를 넘기게 하면서 이행 여부를 확인하는 방법이 다수이기도 합니다.

❶ 과제물 100% 이행형

열심히 한 것으로 생각해 체벌 꾸중 등 제재를 받지 않습니다.

❷ 전무형

전혀 과제물을 하지 않은 경우가 이에 속합니다(결과 : 체벌 등 제재를 받음).

❸ 일부분 이행형

1~50번까지 문제를 풀어야 한다면 30번까지 풀고 31~50번까지 풀지 않았거나 5페이지 중 1P~3P까지 풀고 4P~5P까지 풀지 않았을 경우가 이에 속합니다(결과 체벌 등 제재를 약하게 받음).

❹ 군데군데 이행형

1~50번까지 문제를 풀어야 한다면 징검다리처럼 군데군데 특정 문제만(쉬운 문제) 선정해서 과제물을 이행한 경우가 이에 속합니다.

(결과 : 대부분 요령을 피웠다며 전무형보다 더 강한 제재를 받는 경우가 많음)

과제물 점검에 왜 문제가 있다고 하는가?

가장 큰 문제는 군데군데 이행형으로 필자의 경험으로는 가장 적극적으로 과제물 이행에 임했지만 부모는 아는 문제만 골라 풀면서 요령을 피웠다며 전혀 과제물을 이수하지 않았을때 보다 더 강한 제재를 받는다는 것입니다. 가장 열심히 했음에도 양심불량, 기회주의자, 요령꾼 등으로 분리되어 요주의 인물로 선정되어 괴로움을 당하게 됩니다. 나름대로 최선을 다했음에도 불구하고 칭찬을 받기보다 오히려 외면을 당하는 경우가 많은 편입니다.

고의인가? 아니면 몰라서 인가?

필자가 경험을 통해 얻은 결론은 두가지로 요약됩니다.

❶ 학원에서 내주는 과제물의 수준 문제

학원에서 과제물로 출제되는 대부분의 문제는 상위권이면 무난히 풀 수 있는 문제가 90% 전후로 배치되어 이상적인 복습을 위한 학습 자료로 무난해 100% 가까이 풀 수 있는 문제로 배치되어 있습니다. 그러나 75점~85점대 입장에서 보면 난이도가 높아 풀 수 있는 문제보다 풀 수 없는 문제가 더 많을 수밖에 없으므로 75점~85점대가 과제물을 100% 풀어 온다면 오히려 비정상이라고 봐야 합니다.

❷ 학습의 원리를 파악하지 못했다

이해하지 못한 문제는 풀 수 없다는 것은 누구나 알지만 과제물 점검에서만은 예외인 듯합니다. 학생의 이해 여부를 떠나 과제물을 해 왔느냐 아니냐만을 따지는 현실이 더 문제입니다.

왜! 군데군데 과제물 이행형이 최선을 다한 것인가?

1~50번까지 문제를 풀어야 할 때 아는 문제(풀 수 있는 문제)만 풀 수밖에 없기 때문에 골라서 풀다보면 징검다리처럼 군데군데 문제를 풀 수밖에 없고 언뜻 보면 요령을 피운 것처럼 인식할 수도 있습니다.

자녀의 입장에서 보면 답안지를 보지도 않았고 스스로 문제를 풀려고 노력했으며 난해한 문제 중 풀 수 있는 문제를 찾기 위해 고심했다고 생각하면 얼마나 기특합니까? 사실 아이에게 박수와 격려를 해주어야 하는 것입니다. 즉, 75점~85점대 아이들에게 배려하는 학습이 될 때 상위권으로 진입할 수 있다는 것입니다.

기존 과제물 점검의 문제점

❶ 정확한 과제물 점검이 어렵다

학원에서는 짧은 시간내 전체 학생의 과제물 이행 여부를 점검해야 하는 관계로 대충 이루어집니다.

❷ 부모 컨디션에 따라 좌우

그날 컨디션에 따라 체벌 수위가 변하지 않아야 합니다.

❸ 점검 결과에 대한 대안을 제시하지 못한다.

부모는 정답보다 오답에 관심을 두고 이해를 위해 최선을 다해야 합니다.

❹ 과제물 부여에 대한 효과를 기대하기 어렵다

이상적인 과제물 점검을 하려면

❶ 과제물을 회수한다

공부 전 점검하기보다 과제물을 충분한 시간을 가지고 점검해 대안을 마련한 후 다음날 설명 등의 절차를 거쳐야 합니다.

❷ 채점은 부모가 직접한다

아이에게 채점을 시키지 않고 부모가 직접 채점해야 하는 과정을 통해 자녀의 이해 정도를 파악 할 수 있기 때문입니다.

❸ 난이도별로 분류한다

채점한 결과를 기준으로 수준별 강의할 문제를 분류해 보충 지도와 맞춤 학습 자료로 활용합니다.

❹ 시험을 대비하는 자료로 삼는다

자주 틀리는 문제를 차기 시험의 대비 자료로 활용합니다.

❺ 과제물 노트를 2권 준비한다

과제물은 학원 제출용과 가정에서 과제물을 해야 하므로 2권을 준비합니다.

깜지 활용 방법과 효과

본 자료는 과제물 점검 및 반복 학습에 용이하게 활용할 수 있습니다.

❶ 특 징

- 학습량을 한 눈에 파악할 수 있어 과제물 점검, 체벌 필기 지시시 이행여부 확인이 쉽습니다.
- 과제물, 영어 단어, 어휘, 전문 용어 암기 등 반복 학습이 필요할 경우 일정한 량을 제시하면 쉽게 확인할 수 있습니다.

❷ 활용 방법

한 칸에 한 글자를 기록하는 것을 원칙으로 하고 띄어쓰기 등은 배제시키고 필기 원본은 점, 부호, 물음표, 느낌표 등 100% 기록할 수 있도록 하는데 빼지 않고 실천했다면 시작과 끝나는 시점이 동일하기 때문에 확인이 용이합니다.

벌칙 자율 학습장 (과제, 암기 과목) 월 일 과	지시인	부여사유	기록	평가		
				상	중	하

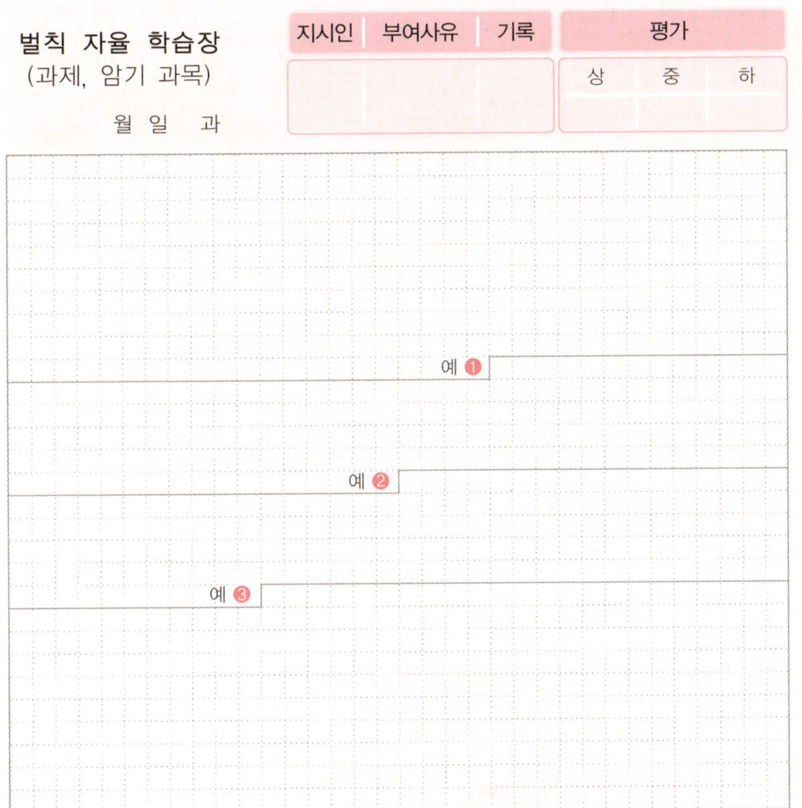

47
과제물점검으로 성적을 향상시켜라 !

❖ 동일한 내용을 필기하도록 지시할 경우 학부모가 정확하게 체크하면 예 ❸에서 끝낼 수 있다.

❖ 며칠 후 복습, 벌칙, 시험 대비 등으로 위와 같은 동일한 내용에 대해 필기를 지시했는데 예 ❶, ❷의 위치에서 끝났다면 공부량을 줄였다는 것을 알 수 있어 점검이 용이하다.

교과서를 활용한 성적 향상

교과서만 공부해도 상위권에 진입할 수 있을까? 해마다 명문 대학 수석을 차지하는 학생의 인터뷰 내용은 한결같이 학교 수업 충실과 교과서 위주의 학습을 하였으며 과외는 거의 하지 않았다고 합니다.

과연 그럴까요? 다수의 학생, 학부모는 부정하며 학원에 종사하는 전문인의 일부도 반신반의합니다. 하지만 필자는 사실이라고 믿으며 최극상위권의 학생들은 대부분 이해가 안 되는 문제가 전무한 관계로 학원 수강이 전혀 도움이 안 되고 오히려 스스로 학습할 때에 그 성과가 극대화되기 때문입니다. 이것은 대단히 중요한 사안으로서 학습 프로그램을 결정할 수 있는 요소로 작용합니다.

수석을 차지한 학생들이 해마다 한결같이 대답을 하는데 지시, 각본에 따라 대답을 하는 것도 아닐 것이며 학습의 기본인 교과서를 대충 공부한 상태에서 상위권 성적이 불가능하기 때문입니다.

교과서를 가까이 해야 하는 이유는 아래와 같습니다.

❶ 모든 공부는 교과서로부터 시작된다

❷ 교과서는 학습의 중심이자 핵심이다

❸ 모든 시험(학교, 수능 등) 문제는 교과서를 바탕으로 응용 출제된다

❹ 시험 문제를 출제하는 주체는 학교 선생님이다(그러나 대부분 교과서 위주 학습을 배제하고 문제집 위주, 선행 학습에 중점을 두고 있는 것이 현실이다)

문제집 위주의 학습은 곤란

❶ 학원 등 사교육 기관은 출제자가 아니기 때문에 출제자의 의도를 파악할 수 없다

❷ 시험 문제 출자인 학교 선생님에 비해 월등히 불리한 위치를 차지한다

❸ 적중률을 높이기 위해 예상 문제를 증가시킬 수밖에 없다(학교 시험 30문제를 풀려면 20~30배 문제를 접하게 되어 과잉 학습을 할 수 밖에 없는 것이 현실이다)

문제 풀이 위주의 학습이 필요한 그룹은 상위권, 중상위권 이상은 이미 교과서 위주의 예습을 마쳤으며 학교 강의로 교과서 이해력이 90% 이상은 되기 때문에 문제집 위주의 학원 수강으로 효과를 볼 수 있습니다. 그러나 중위권, 중하위권은 교과서를 이해하지 못한 상태에서 문제집 위주의 학습으로 인해 성적 향상 효과를 보지 못하는 것입니다.

수준별 교과서 접근 정도를 파악해 보자

❶ 상위권 그룹

교과서 예습 ➡ 학교 학습 ➡ 교과서 및 참고서 위주 복습 ➡ 시험 전 교과서 위주 시험 공부 ➡ 문제집 문제 풀이 전 문제집 핵심, 요약 정리(참고서) 학습 ➡ 문제 풀이 ➡ 오답 원인 분석 및 이해 위주 학습 ➡ 시험 직전 교과서 재 이해 및 오답 문제 위주 학습

❷ 중하위권 그룹

교과서 예습을 안하거나 대충 학교 학습 ➡ 평소 복습 배제 ➡ 시험 전 학습 문제집 문제 풀이(점수에 비중을 두고 오답 재학습에 비중을 두지 않음)

상위권일수록 교과서에 비중을 많이 두는데 비해 성적이 낮을수록 비중은 현저히 낮아지며 문제집의 문제 풀이 위주에 비중을 두고 교과서에 비중을 두는 비율이 낮아집니다.

➡ 상위권 중·하위권 학습의 교과서 접근 비교표

구 분	상위권 (91점 이상)	중상위권 (81점 이상)	중위권 (71점 이상)	하위권 (70점 이하)
예습에 대한 실천력	99% 이상	60~70% 정도	20~32% 전후	10% 전후
학교 강의 집중도	95% 이상	60~70% 정도	32~41% 전후	집중하지 않음
복습시 교과서 비중도	90% 이상	76% 전후	30% 이하	10% 이내
시험 대비시 비중도	82% 이상	62% 전후	10% 전후	2~3%
교과서와 성적 관계	성적 향상 절대적으로 인식	중요하게 생각함	중요하게 생각할 때가 없음	전혀 생각하지 않음

<table>
<tr><td>시험 대비를 위한
문제집 비중</td><td>20% 전후</td><td>37% 전후</td><td>74% 전후</td><td>90% 이상</td></tr>
</table>

❖ 위 자료는 필자가 2005년 4월 24일 부산 서구 소재 입시전문 학원에서 총 600명을 대상으로 실시한 설문조사 결과 자료임.

- 초 4~6학년(학년별 남, 녀 각 100명) 총 300명
- 중 1~3학년(학년별 남, 녀 각 100명) 총 300명

교과서를 활용한 쉽고 간단한 성적 향상 기법

아래 학습 방법은 필자가 사용해 상당한 효과를 본 학습 프로그램으로 간단하면서도 자녀의 흥미를 유발시키며, 부모가 아닌 자녀가 고민하고, 생각하고, 땀을 흘리는 프로그램으로 처음에는 힘들지만 익히기만 하면 쉽게 적응할 수 있어 유리합니다.

필자가 사용했던 방법을 간단하게 기술해 보겠습니다.

❶ **교과서 단원별로 학생들에게 문제를 출제하게 한다**

문제 출제를 하려면 교과서를 이해해야 하기 때문에 교과서에 집중할 수밖에 없습니다.

❷ **교과서의 익힘 문제가 교과서 어느 곳에 있는지 파악하게 한다**

교과서를 다시 한 번 파악하게 합니다.

❸ **교과서 익힘 문제는 100% 이해시키는데 주력한다**

이해가 불가하다면 암기라도 해서 성적 향상에 상당한 도움을 줍니다.

❹ **문제집의 문제가 교과서 어디에 있는지 파악**(몇 페이지 몇째 줄에 위치하고 있는지 기록)

3회 이상 교과서에 접근시켜 교과서의 이해의 폭을 넓힐 수 있습니다.

❺ 문제집의 문제를 주관식으로 만들어 정답을 교과서에서 찾아내게 한다

위의 학습 방법이 단순할 수 있으나 85점 이하의 학생에게는 단기간에 최소의 노력으로 최대의 학습 효과를 거둘 수 있습니다. 다만, 교과서의 전문 용어, 어휘를 완전히 익힌 상태에서만이 가능합니다.

교과서 이해의 비중을 높여야 한다

대충하는 듯해도 성적이 항상 상위권을 유지하는 아이가 있는가 하면 학교 수업외 과외, 학원, 과제물 등 수배의 학습량에도 불구하고 중위권에서 벗어나지 못하는 경우를 접하게 됩니다. 그 이유는 어디에 있을까요? 노력을 하는데도 왜 노력하는 만큼 성적이 향상되지 않을까요?

여러 가지 원인이 있겠으나 가장 많은 비중을 차지하는 것은 예습이라 할 수 있습니다. 교과서 진도가 나갈 때 강의 내용을 이해하지 못하면 문제 풀이 위주의 학습으로는 노력하는 만큼의 성과는 결코 거둘 수 없기 때문입니다. 그러므로 중위권, 중하위권 수준인 학생은 학습 방법이 차별화되어야 합니다. 올바른 교과서 위주의 예습 방법에 대해 알아보겠습니다.

예습하는 목적

❶ 학습 전 학습 내용을 미리 파악해 수업 내용을 100% 이해하는데 있다

❷ 질문할 내용을 파악하는데 있다

❸ 학교에서의 공부(강의를 받아들이는)를 이해 할 수 있도록 하는데 있다

공부 방법

❶ 범위 결정

지난 학습 과정과 난이도 등을 감안하고 학습할 범위를 예상해 결정합니다.

- 학교, 학원 선생님의 대부분은 다음 강의 범위를 제시
- 지난 학습 범위를 감안해 결정

❷ 예습 방법

범위 내에서 교과서를 읽으면서 어휘, 전문 용어, 부호 등에 비중을 두고 전체 내용 파악에 주력해 윤곽을 잡는데 중점을 두어야 합니다. 어휘는 국어사전 등을 통해 이해하며 과목 및 내용을 감안해 이해해야 하는 것은 하나의 어휘가 10~20가지의 뜻으로 이해되는 경우도 있기 때문입니다.

- 기원(祈願)의 경우 분야별(도덕, 국사 등 과목마다) 뜻이 다르게 표현되기 때문에 백과사전, 인터넷 등을 통해 확실히 이해한다.

❸ 효과

확실한 예습이 이루어지면 적극성과 호기심 유발로 연계되어 학습 효과를 극대화 시킬 수 있게 됩니다.

필자의 경험으로 극단적인 성적 향상을 위해 문제집의 문제를 한 문제도 풀지 않고 시험에 임해도 교과서 내용만 확실히 이해한다면 90점 정도는 충분히 확보할 수 있습니다. 그것은 모든 문제가 교과서 범위를 벗어나지 않고 출제되기 때문입니다.

아이의 학습 수준과 맞춤 교육

부모 세미나시 성적 향상은 맞춤 교육이 전제가 되어야 하며 "맞춤 교육이 되지 않으면 성적 향상은 불가능하다."라고 말씀드리면 대부분 동의하시지만 이해할 수 없다는 표정을 짓는 분도 간혹 계십니다. 이유인 즉 우리 아이는 개인 지도는 받은 적도 없고 혼자 또는 학원 수강 그것도 대형 학원에서 수십 명이 함께 강의를 듣는데도 성적은 극상위권이라는 분이 있는 반면, 그동안 그룹 지도, 개인 과외, 동영상 강의, 스타 강사 수강 등 안 해 본 것이 없는데 왜 성적에 변화가 없는지 따지듯이 질문을 하는 분도 있습니다.

모두 틀린 말씀은 아닙니다. 원인은 수준별 교육 즉, 맞춤 교육을 하지 않았기 때문인데 맞춤 교육이 필요한 것은 한 반에 30명이 있다면 1등~30등으로 구분될 정도로 수준과 성격 그리고 성장 과정이 천차만별임에도 불구하고 동일한 환경에서 교육하는 것이 학교 교육의 현실입니다. 맞춤 교육이라고 하면 곧장 개인 지도를 연상하고 이해할 수도 있지만 그룹 일수도 있습니다.

맞춤 교육이란 무엇인가?

아이의 학습 수준(능력)을 감안한 지도를 의미하는 것으로 인원수는 전혀 무관하며 이해를 돕기 위해 간단한 예를 들어 보겠습니다. 구구단을 이해나 암기도 하지 못하는 자녀에게 구구단 이해 여부를 확인하지 않고 그냥 알 것이라는 전제하에 곱셈을 지도하게 되면 어느 누구도 곱셈을 제대로 이해시킬 수 없습니다.

그러나 곱셈을 지도하기 전에 구구단의 원리를 이해시키고 암기를 하게 한 다음 문제를 제시한다면 수백 명도 이해(문제)시킬 수 있습니다. 그러므로 성적 향상은 개인이나 그룹 지도 등 인원의 문제가 아닌 수준에 따른 지도 즉, 맞춤 학습에서 결정된다고 할 수 있습니다. 자녀의 성적에 문제가 있다면, 노력하는 만큼 성적이 향상되지 않는다면 맞춤 학습이 이루어지지 않기 때문이라고 보는 이유가 여기에 있는 것입니다.

본 주제에서는 효과를 극대화시키는 수준별 학습 방법에 대해 구체적으로 알아보겠습니다.

현재 점수	목표 점수	기간	학습 방법
80점대	90점대	6개월~1년	가장 많은 60% 대상으로 80점대라면 과목별 1년 성적 향상 목표가 10점(과목별 3문제)이면 4회 시험 중 1문제정답을 추가하는 것을 기준으로 정한다. 목표 달성의 기본인 이해력 향상을 위해 한문, 독서, 어휘, 전문 용어 등에 비중을 두어야 하며 특히 초 5학년부터는 교과서 위주(예습)에 초점을 맞추어야 하며 체인식 학습으로 확인 학습에 주력하면 과목별 평균 10점은 어렵지 않다.
90점대	95점대	6개월	전체 5% 정도로 2% 진입 직전에 도달한 그룹으로 약점 과목을 없애기에 주력하고 약점 과목 정복을 위해 교과서를 중심으로 어휘력, 전문 용어를 교과서 예습을 통해 익히고 체인식 학습으로 학습 시간을 줄이고 남은 시간은 98점대 진입을 위해 필수 요소인 배경 지식을 배양하기 위해 백과사전, 인터넷 등을 통해 궁금한 것을 해결하는 과정을 반복한다.
95점대	98점대	1년	약점 과목 없애기에 주력하고 약점 과목 정복을 위해 교과서를 중심으로 어휘력, 전문 용어를 교과서를 예습하는 과정을 통해 익히고 특기 과목을 만드는데 주력하며 문제를 주관식으로 만들어 정리하는 습관을 들이도록 할 때 단순히 답을 구하는 수준에서 벗어나 새로운 부분은 정리하거나 나름대로 일부 영역을 개척할 수 있다. 색깔있고 심도 깊은 공부 즉, 연구하는 경지에 도달하게 된다.

❖ 위 목표에 도달하기위해 공통적으로 필요한 것은 이해력 강화를 위해 초등생은 한문, 독서에 비중을 두고 중고생은 어휘력과 전문 용어에 주력해야하고 2% 진입을 원한다면 생체 리듬 학습 계획표 실천, 체인식 강의로 구체적이고 과학적인 학습 접근이 필요하다.

❖ 중요한 것은 2% 내에 들 때 귀격 직업으로 전문가 반열에 들며 지식 경제 시대에 귀족 생활을 할 가능성이 높다는 것인데 누구나 대상이 될 수 있다는 것이다.

▶ 초등 5년~중등 3학년에 재학중인 학생의 예

수준		중점사항	개선방안
극 상 위 권 **95점 이 상**	인생목표	대부분 뚜렷한 목표 있음	없다면 다양한 경험 상담을 통해 결정
	미래직업	생명 공학 / 의사 / 변호사 / 연구원 / 교수/ 외교관 / 정치가 / 특수 전문직 등	
	희망대학 전공과목	카이스트대 / 서울대 / 포항대 / 세계 명문대 등	
	평균점수	97.3점 / 6개월 후 평균 점수 : 전과목 만점	배경 지식 배양, 주관식 문제화 학습, 백과사전 통달
	공부방법	문제 과목에 집중하고 그룹을 원하면 특목고 전문 학원에 수강하면서 나의 수준을 평가	시간보다 집중력을 높임
	나의 점검	현 상태(전교6위)에 만족하려는 나 자신에게 문제가 있다고 생각하며 개선이 필요	게임 시간을 줄일 것
	나의 장점	수리 능력은 뛰어나다고 생각하며 수학은 언제나 즐거우며 선행 학습도 생각하면서 푼다.	수준을 높여 특기 과목 으로 만듦
	나의 단점	상식과 언어 영역의 약점 보완을 위해 독서의 다변 화가 필요하다고 생각	언어 능력 향상을 위해 사교육 예정
	개선필요성	중요 과목은 만족하지만 총점에서는 다소 문제가 있어 포괄적인 공부가 필요함	결손 과목에 시간 추가 로 해결하려고함
	개선방법	매일 백과사전을 10쪽씩 탐독하고 방학을 이용하여 많은 시간을 투자하려고 생각한다. 모든 문제를 주 관화 시켜 교과서를 보지 않고 답을 찾아내는 사고 력 배양 학습 방법을 반복	결손 과목에 시간 추가 로 해결하려고함
	개선 종료시점	2년, 고1 겨울 방학 전까지는 가능할 수 있다고 생각	차질이 생기면 부모님 도움 요청
	선행 학습	2년 전후로 진도를 잡는 것이 유리	특목고 등을 목표로 설 정하는 것도 무난
	사교육	그룹 지도보다 주 1~2회 모르는 부분만 잠깐 지도 받을 수 있으면 시간 절약 가능	가능하면 본인스스로 해 결력 배양필수
	제안	학습 총체는 현 상태 유지하면서 최상 과목(특기 과 목) 만들기에 주력하고 다양한 지식배양.	문제 발생 부분 민감하 고 철저하게 대처
	방학	정신력 강화를 위해 국토 순례, 해병대 캠프, 여행, 도자기 만들기 등 체험을 하 거나 외국어 등에 시간을 투자한다.	
	휴일, 국경일	평상시 못했던 취미생활, 결손 부분 보완을 위한 시간으로 활용한다.	
	종론	고1이 끝나기 전에 결손 부분을 해결해 상위 2% 진입을 목표로 하고 고3에는 1%대 진입을 목표로 한다. 최 상위권을 위해 공부를 주관식화 하여 생각하고 고민하고 분석하고 파악하는 능력과 문제점에 대한 보완을 하는 습관을 길러야 한다. 즉 사안에 대해 100% 이해하고 응용할 수도 다른 견해도 피력할 수 있 어야 하다. 이해력도 높아지고 사물을 관찰하는 능력도 배양되며 주제에 접근 하는 능력이 배가된다.	

수준	중점사항		개선방안
상위권 **90점 이상**	인생목표	정의롭게 살자	꿈을 이룰 수 있다는 가능성을 제시하고 실천하는데 도움을 준다.
	미래직업	변호사 / 과학자 / 생명 공학자 /연구원 등	
	희망대학 전공과목	서울 대학 / 법학과	
	평균점수	92.3점 / 6개월 후 목표 평균 점수 : 95점	1년 후 98점대 진입 가능 하도록 철저 학습
	공부방법	문제 과목에 집중하면서 90점 이하 문제 과목은 학습시간을 증가시키고 예습, 복습에 중점	과목별 시간안배. 약점 과목 강화.
	나의 점검	상위권이라는 착각에 만족했으나 꿈을 이루려면 변해야 한다는 생각을 해야함	시간 단위 학습보다 집중력 배양에 주력
	나의 장점	중요 과목에서는 문제가 없다고 생각하며 이해에 큰 어려움을 이직까지 없었음	현재 상태 유지에 주력
	나의 단점	암기 과목의 문제는 비중을 적게 둔 탓으로 시험이 임박했을 때 잠깐 학습하는 것이 문제임	학습 시간을 증가하는 등 노력에 중점
	개선필요성	중요 과목도 중요하나 총점에 미치는 영향은 과목별 차이가 없으므로 암기 과목 비중 높임. 모든 문제를 주관화 시켜 교과서를 보지않고 답을 찾아내는 사고력 배양 학습 방법을 반복한다.	결손 과목에 시간 추가로 해결하려고함.
	개선방법	예습과 복습에 중점을 두어 평균 점수 향상에 주력하고 문제 과목은 흥미유발을 위해 자투리 공부와 확인 학습에 주력한다.	중요성을 재인식하는 것이 중요함
	개선 종료시점	6개월 이내 암기 과목, 약점 과목 정상화로 평균 95점을 목표로 학습에 임하려고 결심함.	백과사전, 어휘력, 전문 용어. 생체 리듬 학습 계획표 실천
	선행학습	현재 학습 과정에 충실하고 확실한 예습을 위해 교과서의 완벽한 이해에 중점을 둔다.	결손 어휘력 보충 절대적 필요
	사교육	종합반 수강으로 전체과목 대처하고 암기 과목 과목별 용어 이해에 주력할 예정임.	중요과목외 스스로 해결력 배양필수
	제안	총점은 전체 과목의 합산이라는 것을 명심하고 암기과목 비중 높이되 중요과목 문제방지주력	문제 발생 부분 민감하고 철저하게 대처
	방학	정신력 강화를 위해(국토 순례, 해병대 캠프, 여행, 도자기 만들기 등) 프로그램을 체험하는 기회를 갖는다.	
	휴일, 국경일	평상시 미비했던 부분을 보완 하는 과정으로 활용한다.	
	총론	고1이 끝나기 전에 결손 부분을 해결해 상위 10% 진입을 목표로 하는데 문제 과목은 이해력을 높이기 위해 교과서 중심으로 어휘력, 전문 용어 이해에 주력하고 특기 과목 및 특정 외국어 회화 능력 배양에 주력한다. 극상위권과 점수는 몇점 차이에 에 불과 하다고 할 수 있으나 3~4점 차이는 하늘과 땅처럼 많은 차이를 보이는 것은 원하는 목표(대학, 과선택, 스카우트 등)를 달성 여부가 결정되기 때문이다. 예컨데 98점~만점 이상이 1,000명이라면, 95점~97점은 1,000,000명에 이르기 때문이며 연구원, 교수, 법조계 등 전문직에서 필요한 인원은 극소수이나 지원자가 많기 때문에 성적은 인원을 제어하는 수단으로 활용되기도 한다.	

수준		중점사항	개선방안
중위권 80점 ~ 89점대	인생목표	구체적으로 생각한적 없음	방학 등을 이용해 전문가 직업과 육체 노동 직업의 차이를 확인할 수 있게 체험 교육 필요
	미래직업	생각을 하지 못했거나 수시로 바뀜	
	희망대학 전공과목	관심은 몇번 가져보았음	대학을 방문해 입학 후 미래를 상상하게 함.
	평균점수	84점 / 6개월 후 목표 평균 점수 : 90점	18개월 전후 98점대 진입
	공부방법	전 과목 성적 향상을 위해 어휘력과 전문 용어를 익혀 예습에 중점을 두어 교과서 위주 학습이 필요하며 복습하는 습관을 기른다. 한문 학습에 주력해 단기간에 결손 부분을 보충하고 교과서 모르는 한문은 반드시 익힌다.	노력과 맞춤 학습에 비중을 두면 단기간 성적 향상 가능함.
	나의 점검	중위권이라는 생각에 심각하게 생각하지 않았으나 부모님이 권하는 대학 합격은 불가능함	학습 전반에 개선이 필요한 상태
	나의 장점	뛰어난 과목도 없지만 그렇다고 아주 못하는 과목도 없고 성실하다는 칭찬은 듣고 있음	문제점을 정확히 파악하는 것이 중요
	나의 단점	뚜렷이 하고 싶은 것이 없고 게임을 좋아해 하루에 2시간 정도함	생각하기 싫어하는 것
	개선필요성	의욕과 목표를 가져야하며 특히 노력한 만큼 결과가 도출 되는 것이 필요하다.	현 상태가 지속되면 퇴보로 이어진다.
	개선방법	학습 계획을 과학적으로 세워 규칙적인 생활을 하도록 유도한다.	생체를 감안한 리듬 학습 계획표 참고
	개선 종료시점	학습 습관과 과학적인 공부로 6개월 이내 평균 5점 이상 향상시킨다.	학습의 기본 인내심 배양
	선행학습	교과서 위주 선행 학습 절대적으로 필요하고 문제집은 마무리 단계에서 종합 점검 차원	1~2개월 선행 유리
	사교육	85점대 과목은 그룹(종합, 단과)수강하고 이하 과목은 뒤진 부분은 개인 지도 등으로 보충.	80점 아하는 기초 개인 지도 필수
	제안	국어가 전 과목을 좌우하며 국어를 좌우하는 것은 어휘력이며 어휘력 향상은 한문에 있다.그러므로 성적향상을 위해 한문과 교과서 중심이 되어야 한다. (체인식 학습이 필요한 그룹)	문제집은 1권으로 충분하고 시험1주일전에 접한다.
	방학	공부가 세상에서 가장 힘든 다고 생각하는 그룹이므로 정신력 강화를 위해 (국토 순례, 해병대 캠프, 여행, 도자기 만들기 등)프로그램을 체험하는 기회를 갖는다.	
	휴일, 국경일	교과서를 통한 예습에 비중을 두고 질문 할 것을 재 점검해보는 시간으로 활용한다.	
	총론	상위권 진입 가능성이 가장 많은 그룹으로 기초 결손이 있으나 1년 정도면 가능하므로 가능성 제시와 함께 목표 설정과 실천력 그리고 성취감을 심어주는데 주력해야 한다. 문제는 자신은 공부를 잘한다고 생각하는 경우가 많고 안 해서 그렇지 열심히 하면 곧장 성적이 향상될 수 있다고 착각하고 있는 그룹이다. 공부의 전문가로 극상위권으로 도약할 수 있는 그룹이지만 체계적인 계획 아래 실천할 때만이 가능하다.	

수준	중점사항		개선방안
중하위권 71점~79점대	인생목표	구체적으로 생각한적 없음	방학 등을 이용해 전문가 직업과 육체 노동 직업의 차이를 확인할 수 있게 체험 교육 필요
	미래직업	막연하게 사업가. 운동 선수, 게이머, 회사원, 요리사. 연예인, 가수, 공무원, 선생님, 의사	
	희망대학 전공과목	자신이 생각해 본적이 없음.	대학을 방문해 입학 후 미래를 상상하게함.
	평균점수	75점 / 6개월 후 목표 평균점수: 80점	1년 평균 성적 향상 을 10점으로 설정하고 어휘력에 초점을 맞추어야 한다.
	미래성적	95점대 진입 2년 6개월 소요	
	공부방법	공부의 기초이고 미래 사회 생활을 위해 국어, 영어, 어휘력 등 언어 학습에 6개월~1년 정도 주력하면 의사 표현과 전 과목에서 성적이 향상	6개월~1년정도 성적 포기하면 전과목 성적 향상 가능함.
	나의 점검	공부를 잘해 본적도 칭찬도 들은 적이 없고 공부하 라는 소리만 들은 기억밖에 없다.	성적 향상 가능성과 필요성 인지
	나의 장점	공부는 못하지만 겸손하고 성실해 시키는 것은 잘 한다는 칭찬을 들은 적은 많음.	문제점을 정확히 파악하는 것이 중요
	나의 단점	공부는 싫어하고 게임과 TV 시청을 좋아하지만 좋은 습관이라고 생각하지 않는다.	생각하는 능력 배양이 필요함
	개선필요성	본능대로 행동하는 것을 자제 시켜 하기 싫은 것도 필요한 경우 할 수 있도록 해야 함.	작은 것부터 할 수 있는 것부터 시작
	개선방법	자녀와 협의해 학습 계획을 세우고 학습보다 규칙적인 생활을 하는데 우선순위를 둔다.	생체를 감안한 리듬 학습 계획표 참고
	1차개선시점	1년 후 평균 80점대 진입 시점	인내심 배양 과정으로 성적 향상을 위한 토대 언어능력 활성화가 이해의 기본 (어휘력 향상 필수)
	2차개선시점	2년 6개월 후 평균 99점대 진입 시점	
	선행학습	학교 교과서 진도 전 어휘력 배양학습	문제집 철저히 배제
	사교육	지난 기초 과정 결손 보충에 주력 / 학년 초월, 필요시 1:1 개인 지도 필요할 수 있음.	어휘력 배양에 최대 중점 두어야 함.
	제안	국어가 전 과목 성적은 물론 사회 생활에도 지대한 영향을 미치므로 국어 성적 향상을 위해 어휘력 배양과 국어 성적 향상에 주력한다.	100% 교과서 위주 학습 절대 필요
	방학, 휴일, 국경일	공부가 세상에서 가장 힘든 다고 생각하는 그룹이므로 정신력 강화를 위해(국토순례, 해병대 캠프, 청학 서당) 프로그램을 체험하게 한다. 그리고 학교 성적보다 어휘력 배양으로 커뮤니케이션 능력을 키워 왕따를 당하지 않도록 비중을 두며 생활 용어가 많은 교과서 도덕, 국어에서 어휘를 발췌하고 익혀서 커뮤니케이션과 성적 향상을 도모한다.	
	총론	현재 상태라면 커뮤니케이션이 이루어지지 않아 학교 성적은 물론 사회 생활을 하는데도 문제가 있으므로 1단계(80점)가 될 때 까지는 어휘력 향상에 초점을 맞추어야 하는데 국어 성적이 90점이 될 때까지 라고 할 수 있다. 어휘력이 배양되면 전과목(영어, 수학 제외) 성적이 향상되는 것은 교과서에서 모르는 것과 아는 것을 구별할 수 있기 때문이다.	

수준		중점사항	개선방안
하위권 70점 이하	인생목표	결정하지도 깊이 생각해 보지도 않았음	꿈을 이룰 수 있다는 가능성을 제시하고 실천하는데 도움을 준다.
	미래직업	운동 선수, 게이머, 요리사, 연예인, 가수	
	희망대학 전공과목	자신이 생각해 본적이 없음.	미래 직업을 위해 전문대 필요성 강조
	평균점수	65점 / 1년 후 목표 평균 점수 : 70점	1년 평균 성적 향상을 5~10점으로 설정하고 어휘력에 초점을 둔다.
	미래성적	2년 후 목표 평균 점수: 80	
	공부방법	미래의 사회 생활을 위해 국어, 영어, 어휘력 등 언어학습에 1년 정도 노력해 학교 성적보다 의사 표현 능력 향상에 주력한다.	1년 정도 성적 포기하면 커뮤니케이션 초기 가능 단계 진입
	나의 점검	공부! 생각만 해도 지긋지긋 하게 생각한다. 그러나 잘하고 싶다는 생각은 아주 가끔 한다.	공부의 필요성, 자신감 부여
	나의 장점	장점이 있다는 생각을 해 본적이 별로 없다.	생각해 보지 않았다
	나의 단점	나는 잘하는 것이 없다고 생각한다.	자신을 사랑하게 만드는 것이 중요하다
	개선필요성	본능대로 행동하는 것을 자제 시켜 하기 싫은 것도 필요한 경우 할 수 있도록 해야함.	작은 것부터 할 수 있는 것부터 시작
	개선방법	자녀와 협의해 계획을 세우고 학습보다 규칙적인 생활을 하는데 우선 순위를 둔다.	생체를 감안한 리듬학습 계획표 참고
	1차개선시점	1년 후 평균 70점대 진입 시점	1년 후 평균 70점대 진입 시점 언어 능력 배양으로 커뮤니케이션에 주력(어휘력 향상 필수)
	2차개선시점	2년 후 평균 80점대 진입 시점	
	선행학습	국어 어휘력, 영어 단어에 초점을 맞춘다.	문제집 철저히 배제
	사교육	교과서 이해시키위해 어휘력 학습	어휘력 배양에 최대 중점 두어야 함.
	제안	국어가 전 과목 성적은 물론 사회생활에도 지대한 영향을 미치므로 국어 성적 향상을 위해 어휘력 배양과 국어 성적 향상에 주력한다.	100% 교과서 위주 학습 절대 필요
	방학, 휴일, 국경일	공부가 세상에서 가장 힘든 다고 생각하는 그룹이므로 정신력 강화를 위해(국토 순례, 해병대 캠프, 청학 서당) 프로그램을 체험하게 한다. 그리고 학교 성적보다 어휘력 배양으로 커뮤니케이션 능력을 키워 왕따를 당하지 않도록 비중을 두며 생활 용어가 많은 교과서 도덕, 국어에서 어휘를 발췌하고 익혀서 커뮤니케이션과 성적 향상을 도모한다.	
	총론	현재 상태라면 커뮤니케이션이 이루어지지 않아 학교 성적은 물론 사회 생활을 하는데도 문제가 있으므로 1단계(70점)가 될 때 까지는 어휘력 향상에 초점을 맞추어야 하는데 국어 성적이 90점이 될 때까지 라고 할 수 있다. 어휘력이 배양되면 전과목(영어, 수학 제외) 성적이 향상되는 것은 교과서에서 모르는 것과 아는 것을 구별할 수 있기 때문이다.	

체인 학습이란?

  필자가 여러 부모님을 만나게 된 것도 체인(Chain) 학습 프로그램에 비중이 많았습니다. 체인 학습 프로그램은 문제의 선행 학습을 개선한 프로그램이라고 할 수 있습니다.

  여기서 그동안 필자가 감추고 있었던 체인 학습 프로그램을 공개하겠습니다. 체인 학습 프로그램이란 필자가 명명한 학습법으로 최소의 노력으로 최대의 효과를 거둘 수 있는 학습 프로그램입니다. 체인(Chain)의 뜻은 쇠로 만든 고리를 여러 개 걸어 이어서 만든 줄이라는 뜻과 같이 학습을 체인처럼 연계한 성적 향상 프로그램으로 한번 배운 것은 잊지 않도록 하는데 비중을 두었기 때문에 수직 성적 향상이 가능한 획기적인 공부방법입니다.

  대부분의 학생들은 성적 85점 이하를 차지하는데 필자가 제시하는 체인 학습으로 하면 6개월 후면 총 100점(평균 10점)의 성적 향상을 이룰 수 있습니다. 성적 부진의 원인 중 가장 많은 비중을 차지하는 것이 배운 내용을 시험 보기 전에 잊어버린다는 것입니다. 잊어버리는 것을 방지하는 것이 결국 성적 향상이라고 할 수 있습니다. 필자가 제안하는 체인 학습 프로그램은 이에 초점을 맞추었습니다.

한번 배운 것을 잊어버리지 않게 하는데 목적을 둔 프로그램으로 중요한 부분을 체인처럼 연결하여 끊임없이 반복하고 재차 확인하는 학습방법입니다. 특별한 시험 대비를 하지 않아도 꾸준한 성적 향상이 가능한 신개념 학습법으로서 이 프로그램으로 학습하면 학생들은 물론 선생님까지 피곤하게 하는 시험 준비(주말 특강, 평일 보충 등)를 특별히 하지 않아도 성적 향상은 문제가 되지 않습니다. 꾸준히 실천한다면 1년 이내 자녀를 열등생은 우등생으로 우등생은 극상위권에 진입할 수 있는 학습 프로그램입니다.

체인 학습법의 장점

❶ 시험 대비를 평소에 하는 것과 같으므로 특강이 필요 없다

❷ 부모와 자녀가 시험 대비로 인한 스트레스를 거의 받지 않는다

❸ 학습량에 비해 성적 향상 효과가 월등히 높다

❹ 학습량 최소화로 즐겁게 공부에 임한다

❺ 꾸준한 성적 향상으로 1년 이내 우등생 대열에 진입할 수 있다

❻ 체인 학습 프로그램은 누구에게나 쉽게 적용할 수 있다

부적절한 선행 학습 프로그램의 문제점을 도표로 알아보겠습니다.

▶ 5월 중간고사 학습의 예

구분	12월 중순~1월	2월	3월	4월	5월
중1과학	1단원 – 빛 1. 빛의 반사와 굴절 2. 빛의 분산과 합성 2단원 – 파동 1. 파동	2. 소리 3단원 – 지구의 구조 1. 대기권의 구조	1단원 – 빛 신문제집으로 재진도	2단원 – 파동 3단원 – 지구의 구조	총 정리
	1학기 중간고사 범위 2월말 까지 완료		3~4월초 까지 신규 교재로 재진도		4월초~5월 시험 때까지 3번째 정리

위 자료는 기존 학원에서 운영하는 문제의 선행 학습 프로그램입니다.

선행 학습 프로그램의 문제점

❶ 교과서를 배제한 채 간단히 요점 정리만을 하고 문제집 위주 선행 학습으로 상위권 이하는 이해를 전제로 한 선행 학습이 아니라 문제 암기식 선행 학습이 되고 있다

❷ 확인 학습의 공백 기간이 너무 길다

신학기 교재는 대부분 기말고사가 끝나는 12월 중순 또는 겨울방학을 하는 시점부터 시작되고, 2차 학습은 3월 중순경(신학년 시작시) 시작되므로 인해 처음 배운 단원은 약 3월 후 재학습을 합니다.

❸ 확인 학습이 이루어지지 않는다

일정한 단원에 대해 강의와 테스트가 끝나면 1~4개월 후 재강의 또는 시험 기간에 비로소 점검하는데 그때는 이미 대부분 망각한 상태

가 됩니다.

❹ 상위권, 극상위권 위주의 학습 프로그램으로 90점 이하는 희생당하고 있는 형태이다

시험 직전까지 최소 3~5회까지 반복 학습을 하는데 주로 상위권, 극상위권반에게는 일부 적절한 학습일 수 있으나 75~85점대는 거의 도움이 되지 못하는 것은 성적 향상 효과가 나타나지 않기 때문입니다. 특히 기초력을 배양해야 할 무엇보다 소중한 방학을 무의미하게 보내는 결과를 초래하는 문제의 상위권 위주 학습 프로그램이 현재도 운영되고 있습니다.

왜 최소 3~5회까지 반복 학습을 하는데도 성적 향상이 되지 않는 것일까요? 경영자, 강사 연수시 1차 진도를 종료하고 1차 과정을 교재만 바꾸어 강의를 하면 이해력이 1차 강의시 보다 이해력이 높아졌다고 생각하는 분들에게 거수를 해달라고 하면 10%도 거수하지 않습니다. 동일한 유형의 문제를 2번째 설명하는데 1차보다 이해력이 별로 높아지지 않는다면 학습 프로그램에 심각한 문제가 있음에도 별로 느끼지 못하는 듯합니다.

왜 그럴까요? 타성에 젖어서인가요? 성적 향상의 지름길은 자녀들의 망각을 차단하는 것이며 망각 차단은 반복과 끊임없는 확인 학습으로만이 가능합니다. 그러나 기존의 학습 방법은 무려 3개월의 공백 기간을 가지기 때문에 지식이 누적되지 않아 영상화시켜 이해하지 않은 지식은 3일도 기억하지 못하기 때문입니다. 특히 90점대 이하는 98점대 극상위권 자녀와는 달리 완벽히 이해하는 비율이 현저히 낮기 때문에 끊임없이 반

복 학습을 하지 않아 쉽게 망각해 버리기 때문입니다. 위와 같이 기존의 학습법으로는 10번을 반복한다고 해도 성적 향상은 현재 상태에서 벗어날 수 없습니다.

➡ 문제의 기존 학습 과정(수학)의 예

학습 과정	1월				2월				3월				4월				5월			
학습 주간	첫째주	둘째주	셋째주	넷째주	첫째주	둘째주	셋째주	넷째주	첫째주	둘째주	셋째주	넷째주	첫째주	둘째주	셋째주	넷째주	첫째주	둘째주	셋째주	넷째주
학습 내용	함수	방정식	기타 과목 진도		기타 과목 진도				함수	방정식	기타 과목 진도		기타 과목 진도				**중간고가 총정리** 함수, 방정식 및 전과목 시험 준비			
학습 기간	1차 선행 학습 ○○문제집 2개월 완성								2차 선행 학습 △△문제집 2개월 완성								3차 : 3~5개 문제집으로 시험 준비			

❖ 기존 학습 문제 1

> 1월 첫째주 함수 강의 후 7주가 지난 선행학습 2차시작시기인 3월 첫째주 동일한 과정을 다른 문제집을 선정해 학습하는데 문제는 7주가 지난 시점에서 함수 학습은 상위권을 제외한 70~80% 정도의 학생은 이미 1월 강의를 망각하고 처음부터 강의하는 형태가 된다는데 문제가 있다.
>
> 상위권은 1월 강의로 이해가 완전했기 때문에 기억하고 있지만 다수는 알쏭당쏭했거나 암기식으로 학습했기 때문에 강의가 지워졌다는 것에 문제가 있다.

❖ 기존 학습 문제 2

> 5월 중간고사 까지 2회 반복 학습을 하고 시험 준비 기간에는 수권의 문제집으로 재반복하는데 설명 방법(이해가 불가능한)은 동일하고 시간은 더 빨라지고 5개월 동안 많은 시간과 3~5권의 문제집으로 학습에 임했으나 이해는 완전하지 않다.

❖ 문제 발생 원인

> 고의로 학생들이 망각하기를 기다렸다가 다시 강의 하는 방식을 취해 성적 향상을 더 디게 해 장기 수강을 원하는 듯한 착각에 빠지게 한다.(학원 강의나 가정 교육 방법은 크게 다르지 않다)

➡️ 기존 학습을 개선한 체인식 학습 과정(수학)의 예

학습 과정	1월				2월				3월				4월				5월			
학습 주간	첫째주	둘째주	셋째주	넷째주	첫째주	둘째주	셋째주	넷째주	첫째주	둘째주	셋째주	넷째주	첫째주	둘째주	셋째주	넷째주	첫째주	둘째주	셋째주	넷째주
학습 내용	함수	방정식	기타 과목 진도 매주 알쏭달쏭문제, 어려운 문제, 시험예상문제 반복학습 하면서 진도 연계시켜 문제집 적게 접해도 이해력효과 극대화 가능										1~3월 분 총정리 동일 문제집				**중간고가 총정리** 함수, 방정식 및 전과목 시험 준비			
학습 기간	1차 선행 학습 ○○문제집 3개월 완성																2차 : △△문제 집 총 2권 기준			

❖ **대안1**

문제집은 1~2권 이내로 한다.

❖ **대안2**

대상 문제(알쏭달쏭문제, 어려운 문제, 시험 예상 문제 등은 주 1회 반복하여 시험 기간까지 수십회 끊임없이 반복해 완전히 이해시킨다.)

❖ **대안 제시**

성적 향상은 아주 쉬운 문제보다 알송 달송한 문제 어려운 문제를 이해 할 때 가능하므로 중상위, 중위권이 어려워하는 문제나 시험 예상 문제를 선별하여 강의 내용을 망각하기 전에 수시로 다루어주는 것이 무엇보다도 중요하며 평상시에 다루어주면 특별히 시험 준비를 하지 않아도 무방할 수 있는데 위의 문제점을 완벽하게 보완하는 학습 프로그램이 "체인식 학습법"이라고 할 수 있다.

체인 학습 프로그램의 특징

❶ 공부에 흥미를 가지게 된다

이해되는 부분을 직접 확인 할 수 있어 성취감을 느낄 수 있기 때문입니다.

❷ 시험 준비를 추가로 할 필요가 없다

평소에 시험 준비를 동시에 하는 학습으로 시험 기간이라고 해서 예전처럼 많은 시간을 할애하지 않아도 되기 때문에 스트레스를 적게 받습니다.

❸ 단기간에 성적 향상 효과를 확인할 수 있다

적절하게 적용하면 빠르면 3개월이면 효과를 검증할 수 있습니다.

❹ 최소의 노력으로 최대의 학습 효과를 기대할 수 있다

현재보다 학습량을 20~50% 까지 줄여도 효과는 배가됩니다.

⑤ 프로그램 접목 과정이 간단하다

기존 학습 방법에서 약간만 변형하면 충분히 활용할 수 있습니다.

⑥ 누구에게나 적용할 수 있지만 특히 95점 이하의 아이들에게는 중요부분을 재반복하는데 중점을 두기 때문에 극상위권을 제외한 보든 그룹에게 유리하다

⑦ 학습량을 50%는 줄일 수 있다

체인 학습법은 진도가 나갈수록 학습량이 기하급수적으로 줄어들기 때문에 학습량이 급속히 감소합니다.

체인 학습의 실천 방법

❶ 주간 테스트 결과를 바탕으로 자료를 만든다

강의 내용 중에서 중요 부분 또는 시험 결과의 오답 문제를 대상으로 합니다.

❷ 오답 문제를 선별한다

시험 결과 오답 문제를 체인 학습 대상으로 합니다.

❸ 체인 학습의 대상 문제는 확실하게 이해시킨다

체인 학습의 대상 문제는 100% 이해를 위해 설명 방법을 바꾸고 반복 학습에 주력합니다.

❹ 체인 학습 문제를 차기 테스트지에 삽입한다

체인 학습의 대상 문제는 카드식으로 제작하여 차기 시험지 일부분 공간에 삽입해 테스트와 이해 여부 확인을 반복합니다.

❺ 차기 테스트지 삽입시 문제 유형은 일정한 기준을 정한다

동일한 난이도를 기준으로 하며 문제만 바꿉니다.

⑥ **체인 학습 문제는 학칙 위반생, 주말 과제물 등으로 활용한다**

⑦ **체인 학습 카드의 크기는 2~3종류로 구분한다**

내용의 양에 따라 체인 학습 테스트지 규격을 조절합니다.

⑧ **언어(국어, 영어)는 가능한 지문은 최대한 배제한다**

국어, 영어는 지문이 많아 문제가 될 수 있으므로 체인 학습 테스트지 크기에 구애받지 않습니다.

⑨ **체인 학습 문제는 자료가 누적될 수 있도록 지속적으로 연계시킨다**

틀린 문제는 다시 틀릴 가능성이 많으므로 망각하기 전에 반복합니다.

⑩ **체인 학습 프로그램을 시험 1주일전까지 반복한다**

시험 1주일 전까지만 위와 같은 과정을 반복하고 문제집을 연계시키면 체인 학습법만으로도 90점 진입은 무난합니다.

⑪ **체인 학습이 평소 시험의 준비 과정이다**

오답 문제, 이해 부족이면서 중요한 문제를 체인 학습으로 반복하므로 시험 대비 공부라는 명목으로 추가가 필요하지 않으며 최소화해도 무방합니다.

체인식 강의 실천 방법

❶ **학습 계획을 세운다**

맞춤 강의를 기준으로 강의 계획을 구체적으로 세세히 세웁니다.

❷ **난이도를 구분한다**

난이도의 정확한 구분이 필요한 것은 대상 학생들이 풀 수 있는 문제와 풀 수 없는 문제를 선별하는 것으로 대단히 중요한 것은 맞춤 강의 계획 세우기의 기본이 되기 때문입니다.

❸ 문제당 설명 시간을 결정한다

기존의 학습은 순서대로 문제를 풀거나 그때그때 상황(진도, 그때 강사 컨디션 등)에 따라 문제에 접근하는 반면 맞춤식 지도는 문제당 지도(이해)에 필요한 시간을 학생들의 수준에 따라 결정합니다.

❹ 문제별 학습 방법을 변화시킨다

문제를 구분하는 것은 보다 효과적인 학습법에 초점을 맞추는 것입니다. 그러므로 예전처럼 일률적으로 문제를 풀고 일률적으로 과제물을 부여하는 형식을 탈피한 혁신적인 방법으로 구체화시키기 위해 문제의 유형을 알아봅니다.

체인식 학습법으로 학원 이용하기

필자가 제안하는 사교육 기관을 최대한 활용을 하면 중간 중간마다 진전 상황, 문제점 등을 파악할 수 있어 매우 유리합니다. 다만 학부모님이 다소 번거로운 것은 사실이나 1주일에 1시간 정도면 충분하고 수개월 후면 성적 고민에서 벗어날 수 있습니다.

방 법

❶ 1주일분 강의 계획서를 요구하거나 확인한다

학원 교재에서 지난 주 학원 진도를 확인합니다.

❷ 테스트를 실시한다

지난 주 문제집 중 난이도가 높은 문제 또는 틀린 문제를 대상으로 아이에게 테스트 시킵니다.

❸ 담당 선생님께 재설명을 요구한다

테스트 결과 틀린 문제가 있으면 담당 선생님께 부탁해 재설명을 부탁합니다.

❹ 1주 일후 다시 테스트한다

2주일 후 동일한 문제를 다시 풀게하고 채점합니다.

❺ 다른 문제집으로 테스트한다

2주일 후 다른 문제집 난이도가 비슷한 문제집을 선택해 테스트를 실시합니다.

❻ 재설명을 요구한다

틀린 문제는 재설명을 요구하는데 개선이 안 될시 선생님을 직접 만나고 해결되지 않으면 학원 경영자를 만나 대책을 강구합니다.

❼ 부모가 정답을 제시하지 않는다

명심 또 명심해야 하는 것은 절대로 부모님은 테스트만 하고 오답 문제만 제시하여 이해 여부만 확인합니다.

❽ 각 과목마다 위와 같이 부모가 〈체크〉+〈테스트〉+〈확인〉+〈테스트〉를 하면 대충 알고 넘어가는 문제는 없다

그것은 성적 향상을 의미하는 것으로 지도하는 학부모는 힘들어 하겠지만 자녀의 성적 향상은 보장된 것과 같습니다.

▶ 주간 테스트

1주 테스트	2주 테스트	3주 테스트	4주 테스트	5주 테스트
오답문제 20%	오답문제 20% 체인식–문제 20%	오답문제 20% 체인식–문제 40%	오답문제 20% 체인식–문제 60%	오답문제 20% 체인식–문제 80%

▶ 맞춤 테스트지 – 4주째 테스트지

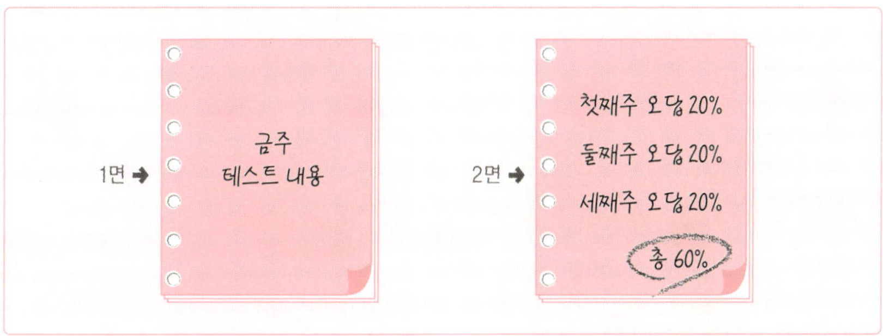

▶ 쇠사슬 강의란? '망각 차단' 이 성적 향상의 지름길

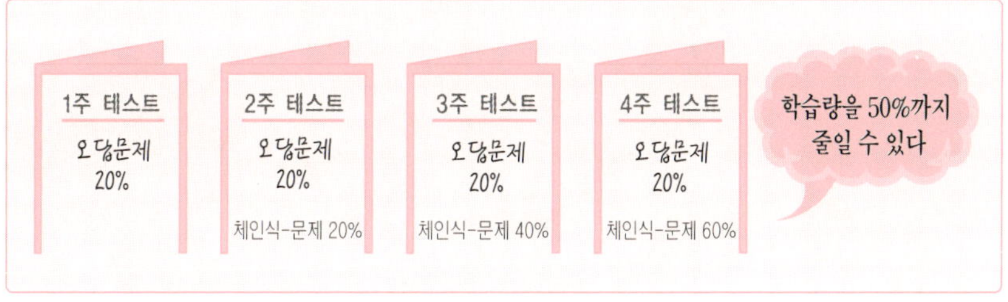

체인 학습 프로그램의 실천

문제별 난이도 구분

❶ 알송 달송한 문제 : 70~80% 알고 있는 문제

- 문제 특성 : 전혀 모르는 문제가 아닌 알송달송한 문제로 예전에 이해한 문제거나 최근에 학습한 문제라고 할 수 있습니다.

- 비중을 두어야 하는 이유 : 성적 향상에 가장 효과적인 것은 약간의 결손 문제로 최소의 설명으로 성적 향상이 가능하기 때문입니다.

❷ 난해한 문제 : 20~30%도 모르는 문제

- 문제 특성 : 난해한 문제로 수준보다 난이도가 높은 문제입니다.

- 배제 이유 : 학습량에 비해 성적 향상 비율이 현저히 낮으므로 시험 준비를 위한 과정에서는 배제하고 방학 등을 이용해 강의합니다.

- 이해 못한 문제를 예전과 동일한 방법으로 이해시키려고 하면 아이들에게는 오히려 스트레스를 가중시키는 결과를 초래합니다.

- 상위권, 중하위권에 상관없이 학습 원리는 동일하므로 위와 같은 원리가 적용되어야 합니다.

❸ **과제물로 대처할 문제 : 아는 문제**

예전에 배워 100% 알고 있는 문제이며 과제물로 대처하는 것은 스스로 할 수 있고, 배운것을 잊지 않게 하는데 목적이 있기 때문입니다.

❹ **시간이 있으면 접근할 문제 : 난해한 문제**

상당히 어려운 문제이며 포기 직전의 문제로 설명을 들어도 이해가 불가능에 가까워 여유가 있으면 도전 의식을 가지고 접근할 필요가 있습니다.

▣ 문제를 구분하는 기준

90~100점대	과제물								강의	
	1	2	3	4	5	6	7	8	9	10

80~89점대	과제물							강의		보류
	1	2	3	4	5	6	7	8	9	10

80점 이하	과제물					강의			보류	
	1	2	3	4	5	6	7	8	9	10

❖ 난이도 기준은 1(가장 낮고 쉬움) ~ 10(가장 높고 어려움)

위 자료를 기준으로 과제물은 청색 문제, 강의할 문제는 적색으로, 포기할 문제는 검정색으로 구분합니다.

위와 같은 방법으로 학습하면 과제물, 강의, 포기 문제 등으로 구분되며 중위권 자녀가 상위권 대상 문제로 스트레스를 받았던 학원 강의 9, 10번이 현저히 줄어들어 맞춤식 강의가 가능해 질 수 있습니다.

그리고 1 2 3 4 5 6 번까지만 이해를 해도 현재보다 10점 이상(85점)까지도 충분히 향상될 수 있습니다.

강의 시간의 배정 방법

❶ 1~10분 : 과제물 점검 및 복습

❷ 11~20분 : 이해하지 못하는 문제 확인 후 선생님께 도움 요청

❸ 21~40분 : 문제 풀이

❹ 41~50분 : 채점 및 휴식(자유시간)

체인식 학습프로그램 적용시 알아야 할 사항

❶ 부모는 프로그램 특성과 취지를 완벽하게 설명한다

프로그램 도입시 성공과 실패는 부모님에게 달렸다고 볼 수 있습니다. 아무리 혁신적이고 완벽한 프로그램일지라도 지도하는 부모님이 필요성을 절실히 느끼지 못하고 지도 방법에 익숙해 있지 않다면 성공의 가능성은 낮아집니다.

특히, 부모님은 부정적인 고정관념을 깨어야 하기 때문에 더욱 그렇습니다. 수십 년동안 가진 생각을 하루 아침에 바꿀 수는 없지만 프

로그램의 장점을 확실히 파악하고 효과가 월등하다는 것을 정확히 인지하고 학습 시간도 현격히 줄고 성적이 향상되는 것을 한 번만 체험하면 일순간 바뀔 수 있는 것입니다.

❷ 아이에게 프로그램에 대해 설명한다

프로그램의 특징과 필요성 그리고 효과에 대해 자세히 설명합니다.

❸ 아이에게 프로그램 설명에 완벽을 기한다

아이에게 프로그램의 특징과 필요성 그리고 효과에 대해 완전히 이해를 시켜야 합니다. 예를 들면 학습방법이 예전과 상당히 다르기 때문인데 문제집의 문제는 무조건 100% 풀어야 한다는 예전 학습법을 정상이라고 생각하기 때문입니다.

특히 모르는 문제 번호에 ×표시가 된 것은 이해가 불가능하므로 성적이 향상된 다음 풀 것이라는 것과 성적 향상을 위해서라는 것을 강조합니다.

❹ 공부 종료 전 다음 학습 내용을 통보한다

공부 종료 전 다음 진도 부분에 대해 미리 문제를 분류합니다.

- "지금부터 부르는 문제는 번호에 ○○표를 하는데 이것은 과제물이야."라며 번호를 불러줍니다.
- 이번에는 풀지 않을 문제라며 번호 앞에 ×표시를 하게 합니다.
- 지금 부르는 번호는 다음 강의 시간에 풀어볼 문제이니 번호 앞에 △표시를 하라고 요구하고 표시된 5문제 전 후를 예습해 오라고 지시합니다.

❺ 시간 확인을 위해 거실, 공부방에 벽시계를 부착한다